Kurt Tepperwein / Felix Aeschbacher • Die Kraft der geistigen Heilung

Kurt Tepperwein / Felix Aeschbacher

Die Kraft der geistigen Heilung

Selbstheilung durch den inneren Arzt

ENNSTHALER VERLAG STEYR

Jede Anwendung der in diesem Buch angeführten Ratschläge geschieht nach alleinigem Gutdünken des Lesers.
Autoren, Verlag, Berater, Vertreiber, Händler und alle anderen Personen, die mit diesem Buch in Zusammenhang stehen, können weder Haftung noch Verantwortung für eventuelle Folgen übernehmen, die direkt oder indirekt aus den in diesem Buch gegebenen Informationen resultieren oder resultieren sollen.

Dieses Buch ist eine leicht veränderte Neuauflage
des bereits erschienenen Titels: »Gesund durch spirituelles Heilen«.

www.ennsthaler.at

ISBN 10: 3-85068-656-6
ISBN 13: 978-3-85068-656-3

Kurt Tepperwein/Felix Aeschbacher . Die Kraft der geistigen Heilung

Ennsthaler Gesellschaft m.b.H. & Co KG, 4400 Steyr, Österreich
Satz: Ennsthaler Verlag
Umschlaggestaltung: Ennsthaler Verlag

Inhaltsverzeichnis

Vorwort

Heilungsenergie durchströmt uns ständig. Sie kann jederzeit von uns genutzt werden. In diesem Buch erfahren Sie, wie Sie mit dieser Energie umgehen können. Sie lernen, diese Energie zu spüren, zu lenken und zur Selbstheilung zu nutzen. Sie werden die spirituelle Heilungsenergie besonders dann intensiv spüren, wenn Sie Ihr Energiesystem pflegen. Voraussetzung ist, dass Sie sich mit offenem Herzen dieser göttlichen Gabe gegenüber aufschließen. Ähnlich wie das Biosystem, der menschliche Stoffwechsel, der sich selbst reguliert, aber bei falscher Ernährung störanfällig ist, verhält sich das feinstoffliche Energiesystem des Menschen. Negatives Denken sowie negative Empfindungen beeinträchtigen seine Funktion und seine Entfaltungsmöglichkeiten.

Die vollkommene Gesundheit, die geistige Harmonie und Ausgeglichenheit, ist das Ziel spiritueller Entwicklung. Dieses Ziel wird nicht wie bei einem Marathonlauf nach langer Anstrengung und vollständiger Verausgabung erreicht, sondern durch eine positive geistige Einstellung.

Bei Kindern funktionieren die Energieströme in der Regel noch besser als bei Erwachsenen. Kinder sind natürlicher, sie verstellen sich nicht, haben keine Angst, sind weniger angepasst. Trotzdem können Energieblockaden auch bei Kindern auftreten, wenn sie sie von der Mutter bereits im Mutterleib übernommen haben.

Durch richtiges Atmen, Denken und Fühlen können Sie Ihr Energiesystem stärken und dazu bringen, wieder besser zu funktionieren. Um es in Schwung zu halten und immer genug Energie zu haben, ist es notwendig, die Blockaden im eigenen Energiesystem wieder abzubauen.

Dieses Selbsthilfebuch führt in einfache, leicht nachvollziehbare Übungen ein und bildet eine Basis für jeden, der Interesse hat, sich später intensiv mit spiritueller Heilung auseinander zu setzen. Es ist gut geeignet, sich mit den verschiedenen Gesichtspunkten des spirituellen Heilens vertraut zu machen, um später auf den selbst gemachten Erfahrungen aufzubauen und weiter gehende Schritte selbstständig durchführen zu können.

I. EINFÜHRUNG IN DIE SPIRITUELLE HEILUNG

Neujahrsrezept für das ganze Jahr

Man nehme

12 Monate, putze sie ganz sauber
von Bitterkeit, Geiz, Pedanterie und Angst
und zerlege jeden Monat in 30 oder 31 Teile,
sodass der Vorrat genau für ein Jahr reicht.
Es wird jeder Tag einzeln angerichtet aus einem
Teil Arbeit und zwei Teilen Frohsinn und Humor.
Man füge drei gehäufte Esslöffel Optimismus bei
und einen Teelöffel Toleranz, ein Körnchen Ironie
und eine gute Prise Rücksicht und Takt.
Hierauf wird die Masse sehr reichlich mit Liebe gewürzt.
Das fertige Gericht schmücke man mit Sträußchen kleiner
Aufmerksamkeiten und serviere es täglich mit Heiterkeit,
zusammen mit einer gut dosierten Tasse
nicht zu heißem Temperament!

Das Studium der Medizin, der Psychologie und des Menschen selbst bleibt unvollständig, wenn man nicht die Wirkung und die Funktion des menschlichen Energiesystems analysiert. Dieses Energiesystem beeinflusst die emotionalen Stimmungen, das Verhalten und das rationale Denken. Die Unrast, die uns im Alltag befällt, das Auf und Ab der Launen, die uns mal voller Tatkraft und Energie und dann wieder matt und abgespannt sein lassen, all dies beeinflusst unsere Psyche und unser Energiesystem.

Aber auch die Ernährung hat Auswirkungen auf dieses Energiesystem. Bestimmte Nahrungsmittel stärken und andere schwächen uns. Das Gleiche gilt für die Musik und die bildenden Künste, z.B. Gemälde. Alle Gegenstände und Personen um uns können eine positive, neutrale oder negative Wirkung auf unser Energiesystem haben. Wie sehr wir von unserer Umgebung abhängig sind, hängt weit gehend von der inneren Harmonie, dem inneren Gleichgewicht der Kräfte ab. Wer gelernt hat, sein Energiesystem zu kontrollieren, wer mit sich selbst ins Reine gekommen ist und sich von seinen niederen Trieben, der Gier nach Besitz, Macht und allen Herrschaftsformen über Natur, Umwelt und Mitmenschen befreit hat, ist auch spirituell frei. Er ist offen für die konstruktiven Chancen der Schöpfung, der Evolution.

Diese Zusammenhänge waren den Eingeweihten früherer Jahrhunderte durchaus bekannt, aber dieses Wissen war kein Allgemeingut. Viele Wissenschaftler lassen ihrem Forschungs- und Entdeckungstrieb zwar freien Lauf, beschäftigen sich aber meist nur privat mit diesen Bereichen. Zu einer Diskussion oder einem Gedankenaustausch unter Gleichgesinnten kommt es kaum. Man traut den anderen meist nicht die geistige Reife zu, diese Themen unvoreingenommen zu behandeln. Zu stark wirkt noch die Geisteshaltung der Aufklärung nach. Damals musste sich das heute etablierte naturwissenschaftliche Weltbild gegen Mystik und Scholastik durchsetzen. Heute gilt es, diese Bereiche wieder zurückzuerobern, wenn auch mit einem erweiterten und gefestigteren Bewusstsein.

Die neuen Methoden der Computertechnologie und die Entwicklungen der Hirnforschung ermöglichen das Aufzeichnen der Gehirnströme. Die Gehirntätigkeit bei unterschiedlichen Bewusstseinsstufen ist heute Gegenstand wissenschaftlicher Untersuchungen. Die New-Age-Bewegung hat mit ihrer geistigen Ausstrahlung die Neugierde vieler Wissenschaftler geweckt und dadurch Forschungsaktivitäten provoziert.

Die Experimente zeigen eindeutig, dass unterschiedliche Frequenzmuster der Gedankenströme die Menschen auch unterschiedlich beeinflussen. Energetische Menschen, die in ihrem Organismus die Energieströme frei fließen lassen, wirken positiver auf ihre Mitmenschen.

Grundlage der modernen Hirnforschung ist die Tatsache, dass sich in den gesamten Neurowissenschaften ein Paradigmenwechsel von ungeahnter Vehemenz vollzieht – ein Wandel vom physikalischen zum biologischen Weltbild der Neurologie.

Dieses neue biologische Weltbild ermöglicht vollkommen neue Interpretationen über die Funktionsweise des menschlichen Gehirns, die Sinne, die Wahrnehmung und die Wirklichkeit. Es gibt keine real existierende Wirklichkeit mehr, sondern nur mehr konstruierte Wirklichkeiten, in denen wir denken, handeln und fühlen.

Der Mensch kennt die real existierende Wirklichkeit nicht, sondern nur einen Teilausschnitt davon. Dies führt dazu, dass menschliches Handeln auf diese begrenzte Wirklichkeitswahrnehmung beschränkt bleibt.

Die Abläufe im Gehirn lassen sich mit den herkömmlichen physikalischen Modellen nicht mehr beschreiben. Die klassische Physik hat ihr geistiges Korsett gefunden, die moderne Physik und die Biologie sind noch auf der Suche.

Gesucht wird ein neues Modell, das Sinn, Geist, Denken, Wahrnehmung und spirituelle Wirklichkeit verbindet und erklären kann. Die bisherige biologische Hirnforschung hat gezeigt, dass das Gehirn durch eigenständiges Handeln lernt und nicht durch Informationen von außen. Dies bedeutet, dass das Gehirn zwar von außen erregt werden kann, die Deutung einer Wahrnehmung aber nur durch das Gehirn selbst erfolgt. Das Bewusstsein ist wahrscheinlich die einzige Wirklichkeit, die wir kennen.

All diese Aussagen decken sich mit dem spirituellen Weltbild. Bewusstsein ist eine Energie, diese Energie kann nach dem Energie-Erhaltungsgesetz nicht verloren gehen. Wir können also Energie nur transformieren, nicht aber zerstören; wir können sie auf eine höher entwickelte Bewusstseinsstufe heben. Wir können unserem Bewusstsein eine neue, besser strukturierte und höhere Ordnung geben, aber Bewusstsein schaffen oder vollkommen zerstören können wir nicht.

Geist und Bewusstsein werden sich schon in naher Zukunft zum gängigen Erklärungsmodell entwickeln. Geist und Materie und die spirituelle Verbindung dieser beiden Dinge, die sich gegenseitig bedingen und beeinflussen, werden bald das bisherige Korsett der Physik sprengen und erweitern. Diese Entwicklung zeichnet sich bereits in der Arbeit heute lebender theoretischer Physiker ab.

Das spirituelle Weltbild, der Mensch als spirituelles Wesen, führte in der bisherigen Menschheitsgeschichte ein untergeordnetes Dasein. Viele der neueren Forschungsergebnisse im Bereich der modernen Physik, der Biologie und der Hirnforschung stehen mit dem spirituellen Weltbild im Einklang. Wenn der Mensch sein Bewusstsein entwickelt und entfaltet, schafft er sich den Zugang zum Wissen darum, wie die Welt funktioniert, wie die Beziehungen zwischen den Menschen wirklich ablaufen, welchen Stellenwert Liebe und spirituelle Liebe haben.

Bisher glaubte man, dass die geistige Lernfähigkeit rapide abnimmt, wenn der Mensch älter wird. Das rein materialistische Weltbild führte dazu, dass man glaubte, wer älter ist, wer bereits über eine gealterte Materie verfügt, bei dem lassen Denken und Fühlen nach. Dem ist nicht so, auch ältere Menschen können bis ins hohe Alter ihre Lernfähigkeit erhalten. Das Bewusstsein, die Seele des Menschen, altert nicht.

Der Kosmos lebt. Leben ist Energie und Energie ist Bewusstsein. Das Universum ist ein riesiges Meer von Bewusstsein, in dem unzählige Bewusstseinsstufen zu einem großen Ganzen zusammenfließen. Der Mensch in seiner bisherigen Entwicklung nimmt auf dieser Stufenleiter untere Ränge ein.

Materie und Energie sind aus verschiedenen Perspektiven betrachtet ein und dasselbe. Die Grenze zwischen Materie und Energie ist eine künstliche. Die Welt ist ein Netzwerk von Energiestrukturen und sämtliche Strukturen oder Prozesse stellen Rahmenbedingungen für die Energie dar. Aus der Quantenphysik (Quanten sind die kleinsten noch messbaren Energiemengen) lässt sich ableiten, dass Energie und Materie gemäß der Einstein'schen Formel E=mc2 äquivalent sind.

Energie altert nicht, Energie ist auch noch nach Jahrtausenden vorhanden, nur ihr jeweiliger Zustand kann sich ändern. Energie kann transformiert werden, aber nicht verschwinden. So verhält es sich auch mit den »spirituellen« Energien. Das menschliche Gehirn hat die Fähigkeit, sich den verschiedenen Vorstellungswelten anzupassen. Wer die spirituelle Dimension des Menschen geistig in seine Vorstellungswelt integriert, kann in diese Dimension eindringen, sie entwickeln. Spirituelle Heilungen bauen darauf auf und vollziehen sich in diesem Bereich.

Die spirituelle Heilung wurde in den verschiedenen Kulturkreisen immer wieder angewendet, ihre Methode ist schon lange vor Christi Geburt bekannt gewesen und wurde von »Weisen« immer wieder weitergegeben und gepflegt. Beispiele spiritueller Heilungen sind in der Bibel enthalten. In allen älteren Kulturen gibt es Überlieferungen, die ihre Wirkung bestätigen.

1. Geistheilung – was ist das?

Nach Auffassung spiritueller Heiler ist der Patient nicht Opfer seiner Krankheit, sondern Verursacher, Mitgestalter oder jemand, der negativen Einflüssen zu wenig ausgewichen ist oder sich zu wenig vor ihnen geschützt hat. Sein Denken und Fühlen, sein Verhalten, seine Einstellungen und seine Lebensweise sind die Faktoren, die einer bestimmten Krankheit Vorschub leisten.

Bei der spirituellen Heilung ist der Patient immer aktiv – bewusst oder unbewusst. Er wirkt beim Heilungsprozess mit und ändert dabei sich und im Weiteren auch seine Umwelt. Die Krankheitsursache wird direkt an der Wurzel, dem eigentlichen Zentrum ihres Entstehens, bekämpft.

Die klassische Medizin dagegen entspricht weitgehend unserem bisherigen Entwicklungsstadium. Viele Menschen haben ihr Bewusstsein noch wenig entfaltet. Sie interessieren sich nicht für die spirituelle Dimension ihrer Existenz. Dies kann sich allerdings schnell ändern, denn der Mensch ist von der Schöpfung so angelegt, dass er eine Wandlung zum evolutionären, schöpfungsgewollten Zustand rasch vollziehen kann. Im spirituellen Sinn ist Selbstverantwortung gleichzusetzen mit Selbstentfaltung.

In der klassischen Medizin geht man davon aus, dass Krankheit von außen kommt, und dementsprechend wird auch eine Therapie von außen als adäquate Behandlung angesehen. Der Kranke, der sich mit der Einstellung hinlegt: »So, Herr Doktor, und nun heilen Sie mich einmal richtig!«, verhält sich ähnlich wie so mancher, der nach Liebe süchtig ist. Auch der legt sich hin und wünscht sich, einmal so richtig geliebt zu werden.

Bei spiritueller Heilung ist der Patient für seine Genesung mitverantwortlich. In der klassischen Medizin liegt das Heilungspotenzial beim Arzt. Dieser versucht beim Patienten Symptome zu erkennen, für deren Beseitigung ihm bestimmte Produkte der Pharmaindustrie geeignet erscheinen.

Dieses Behandlungsritual ist in den meisten Fällen eine Demütigung, ob dies der Patient nun bewusst oder unbewusst wahrnimmt. Er macht die Erfahrung, dass er sich nicht mehr selbst helfen kann und ihm geholfen werden muss. Er überträgt damit alle Verantwortung dem Arzt und verliert so den Mut, selbst für seine Gesundheit zu sorgen.

Dieses Behandlungsmodell der Gesundheitsindustrie wird von vielen Ärzten und Patienten akzeptiert und vom Staat – das sind wir alle – honoriert und subventioniert. Sich zu ändern ist für alle Beteiligten schwierig. Der Patient dürfte seine Verantwortung nicht mehr an die Gesundheitsindustrie delegieren, diese müsste ihrerseits bereit sein, die ihr zugestandene Autorität wieder abzugeben. Aber wo Macht von Menschen über Menschen im Spiel ist, entwickeln diese immer auch effiziente Mechanismen, diese zu verteidigen und zu erhalten.

Diese Form der »industriellen« Heilung beruht auf Arbeitsteilung. Der Arzt diagnostiziert die »Krankheit«, die Pharmaindustrie produziert die Medikamente, der Patient lässt sich heilen.

Eine solche Arbeitsteilung gibt es bei der spirituellen Heilung nicht. Der Patient ist derjenige, der geheilt werden soll und der sich zugleich selbst heilt. Er verändert sein Denken und seine Gefühle, nachdem er sich bewusst gemacht hat, welche Verhaltensweisen die Krankheit begünstigt bzw. verursacht haben. Er lernt, wie man sich verändern, neu gestalten und bewusster werden kann.

Jeder Mensch beeinflusst sich selbst, von der Wiege bis zur letzten Stunde, von früh bis spät, tagtäglich: Wenn er über sich nachdenkt, über sein Schicksal trauert oder sich über die Möglichkeiten freut, die ihm das Schicksal beschert. Die Art, wie und aus welcher Sicht pessimistisch oder optimistisch gedacht und gefühlt wird, prägt uns.

Gedanken sind Kräfte, sind Energien und wie Sie diese Energie verwenden, bestimmen Sie: ob Sie es aktiv tun oder die anderen, ob Sie sich passiv in Ihre Umgebung einfügen und warten, was auf Sie zukommt. Diese Energien entscheiden, ob Sie Freude, Hilfe, Heilung oder Ärger, Hemmungen und Krankheit ereilen. Die Lebensenergie, von der manche mehr, andere weniger haben, gibt es nicht im Supermarkt oder in der Drogerie zu kaufen. Sie ist für jeden gleichermaßen zugänglich und aktivierbar, ganz gleich, welche Stellung, welchen gesellschaftlichen Rang man einnimmt. Wir dürfen diese Lebensenergie nicht blockieren, wenn wir Gesundheit zum Nulltarif wollen.

Tatsache ist, dass die meisten Menschen ihre Gedanken und Gefühle mehr oder minder unbeobachtet, unbedacht und leichtfertig auf das eigene Energiesystem und das anderer Mitmenschen loslassen. Ist das Energiesystem von negativen Einflüssen aus der Umgebung geschwächt, neigen die meisten Menschen dazu, es durch negative Gedanken – Sorgen, Stress, Hektik, Aggressionen etc. – weiter zu schwächen. Die Schuld für diesen Zustand wird dann bei »Gott und der Welt«, dem ungerechten Schicksal gesucht.

Spirituelle Heilung setzt bei Ihren eigenen inneren Kräften bzw. dem eigenen inneren Arzt an. Der innere Arzt, Ihr spirituelles Selbst, arbeitet täglich 24 Stunden für Sie, ohne Honorar und ohne Schichtarbeiterzuschlag. Er will nur Ihr Wertvollstes – nein, nicht Ihr Geld – Ihr Vertrauen. Es bleibt nur mehr die Frage offen, unter welchen Bedingungen Ihr spirituelles Selbst seine größte Macht, nämlich sein ganzes schöpferisches Potenzial, einsetzen kann.

Gesundheit

Die heutige Medizin versucht gar nicht zu verstehen, was krank ist. Ihr genügt es, bestimmte Symptome und Beschwerden einer Krankheit zuzuordnen. Verschwinden Symptome und Beschwerden, so hat man damit »Heilung« vollbracht. Die Effizienz dieser Heilmethode stößt aber zunehmend an ihre Grenzen. Es werden immer mehr Tabletten geschluckt, immer mehr Medikamente verabreicht, aber trotzdem treten Krankheitssymptome auf.

An und für sich könnte man sich diese Kritik an der heutigen Medizin durchaus sparen, denn Kritik allein heilt niemanden. Aber die weit gehend noch unumschränkte Autorität der Ärzte beeinflusst viele Menschen in ihrem jetzigen Verhalten und trägt somit dazu bei, dass diese in ihrer Unselbstständigkeit verharren.

Heilung ist weitaus mehr, als nur Symptome auf der physischen Ebene zu beseitigen und die körperliche Gesundheit wiederherzustellen.

Gesundheit ist die Rückkehr zur Ausgeglichenheit, zur Harmonie. Patient und Umwelt, insbesondere die persönlichen Gegebenheiten und Bedingungen der unmittelbaren Umgebung, müssen so umgestaltet werden, dass der »Patient« nach seiner Genesung seine wiedergewonnene Gesundheit auch erhalten kann.

Die geistige, seelische Gesundheit ist mehr als nur Freiheit von Symptomen und Beschwerden. Wer seine seelische Gesundheit aktiv pflegt, der betreibt die beste Vorsorgemedizin und die ökonomischste dazu. Die Kunst, die geistig-seelische Gesundheit zu erhalten, zielt in erster Linie darauf ab, Lebensumstände so zu gestalten, dass geistiges Wohlbefinden und Harmonie vorherrschen.

Die Hauptaufgabengebiete der spirituellen Heilung sind, Krankheit vor der Entstehung – bereits auf der geistigen Ebene – zu erkennen und zu beseitigen. Jede Krankheit nimmt ihren Anfang auf der seelischen und geistigen, der astralen und mentalen Ebene. Dort rüstet sich die Krankheit für ihren Eroberungsfeldzug, dringt in die physische Ebene ein und versucht sich dort zu manifestieren.

Spirituelle Heilung und spirituelles Bewusstsein beseitigen Krankheitskeime schon, bevor physische Schmerzen auftreten. Spirituelle Heilung kann aber auch noch im späteren Stadium der physischen Schmerzen einsetzen, am wirksamsten ist sie jedoch, wenn sie bereits früher, also vor der Entstehung des physischen Krankheitssymptoms stattfindet.

Für vollkommene Gesundheit muss man etwas tun, denn Umwelt und Mitmenschen sind noch immer Keimträger spiritueller Verschmutzung. Vollkommene Gesundheit gibt es nur für den, der ständig um sie bemüht ist und sein spirituelles Bewusstsein weiterentwickelt und sensibilisiert, sodass störende Einflüsse bereits in der Entstehungsphase beseitigt werden können. Man bewegt sich also entweder in Richtung Gesundheit oder in Richtung Krankheit und jeder hat die Aufgabe, für seine Gesundheit selbst zu sorgen, indem er individuelle Verantwortung dafür übernimmt.

Wer gesund bleiben möchte, sollte ständig darauf bedacht sein, sich gesund zu ernähren, in einer gesunden Umgebung zu leben und sich Arbeitsbedingungen auszusuchen und Verhaltensweisen anzugewöhnen, die für seine geistige Entwicklung vorteilhaft sind.

Der spirituelle Heiler sucht nach den Ursachen der Disharmonie auf der astralen und mentalen Ebene oder wie Sie diese Energiefelder auch immer benennen mögen. Diese Energiefelder, die spirituell hoch entwickelte Menschen sehen und fühlen, können nach neuesten Forschungsergebnissen auch mit eigens dafür entwickelten elektronischen Messgeräten nachgewiesen und mittels Computer auf Bildschirmen sichtbar gemacht werden.

Wenn diese Entwicklung weiter vorangetrieben wird, ist es wahrscheinlich eines Tages auch möglich, die Krankheitsbilder im Energiefeld des Menschen zu messen und grafisch darzustellen. In den verschiedenen Forschungslabors wird daran schon intensiv gearbeitet.

Ob und wann Geräte verfügbar sein werden, die es auch möglich machen, eine heilende Wirkung zu erzeugen, ist noch nicht absehbar, obwohl auch in diese Richtung geforscht wird. Besondere Fortschritte auf diesem Gebiet wurden in der Hirnforschung erzielt. Man kann die Gehirnströme genau messen, mittels Computer grafisch aufbereiten, maßgebende Formen genau registrieren und ihre Frequenz analysieren.

Mit einiger Sicherheit kann man allerdings jetzt schon sagen: Bis solche Geräte serienreif sind, von der Wissenschaft allgemein akzeptiert werden und in die Lehrpläne der Medizinerausbildung Eingang finden, werden im günstigsten Fall 20 Jahre verstreichen. Wahrscheinlich aber wird sich diese Entwicklung erst viel später durchsetzen. Neuerungen in der Medizin brauchen meistens 50 Jahre oder mehr, bis sie sich etabliert haben. Der heutige Wissenschaftsbetrieb setzt auf Kontinuität, was zwar seine Vorteile hat, aber auch den Nachteil, dass Neues relativ spät für die Allgemeinheit verfügbar ist.

Aus spiritueller Sicht existieren Krankheit und Gesundheit nicht vollkommen getrennt voneinander, sondern sind – wie Leben und Tod – Wechselwirkungen, die sich gegenseitig bedingen. Gesundheit und Krankheit sind aus spiritueller Perspektive Gegenpole. Unterschiedlich ist nur das jeweilige Vorzeichen.

Krank wird, wer sich in den Bereich des negativen Pols treiben lässt. Kranke glauben oft, ohne äußere Hilfe den anderen Pol, die Gesundheit, nicht wieder erreichen zu können. So betrachtet ist Krankheit eine zu starke Hinwendung zum negativen Pol, zum Ungleichgewicht der Schwingungen im menschlichen Körper.

Krankheit

Die klassische Medizin sieht in der Krankheit den Einbruch von krankheitserregenden Mikroorganismen. Dieses Bild hat sich wissenschaftlich gesehen als Irrtum erwiesen. Viele Krankheitserreger dringen nicht ein, sondern sind bereits im Menschen. Der menschliche Organismus produziert ständig Abwehrkräfte gegen diese Krankheitserreger. Dies ist die Aufgabe des Immunsystems. Es ist ein System, das gegen die verschiedensten Erreger Kampfmittel bereithält, um sie zu neutralisieren. Sie werden nicht vernichtet, sondern in Schach gehalten, damit sie nicht zu mächtig und einflussreich werden.

Wer dies erkannt hat, weiß, dass die Homöopathie, die von der klassischen Medizin leider noch immer ignoriert wird, eine durchaus sinnvolle Methode ist. Die Homöopathie versucht nämlich auf den menschlichen Organismus so einzuwirken, dass das Immunsystem gestärkt und das gestörte Gleichgewicht der unterschiedlichen Kräfte wiederhergestellt wird.

Aus spiritueller Sicht sind diese Mikroorganismen nur die scheinbaren Krankheitsverursacher; ihr vermehrtes Auftreten ist ein Symptom für tiefer liegende Probleme, die nur auf den ersten Blick schwer zu erkennen sind, weil sie oft aus der falschen Perspektive betrachtet werden.

Der Natur, der göttlichen Schöpfung, geht es immer um Gleichgewicht. Ist ein Gleichgewicht gestört, kommt es darauf an, das Gleichgewicht wiederherzustellen. Die Evolution zeigt, dass eine ständige Weiterentwicklung stattfindet, die Gleichgewichte immer wieder auf einem neuen, höheren Niveau herstellt.

Krankheit als Erkenntnis

Krankheit ist aber viel mehr als ein Übel, das es auszurotten gilt und gegen das man die stärksten Geschütze auffahren muss, um wieder Ruhe und Ordnung in den menschlichen Organismus zu bringen. Krankheit ist ein Hinweis auf eine Abweichung vom seelischen Gleichgewicht, von der inneren Harmonie.

Ein Pilot, der hoch über den Wolken schwebt, überlässt die Steuerung seines Flugzeuges einem Autopiloten. Er gibt die Koordinaten des Zielflughafens ein und beobachtet dann nur noch die Messgeräte. Tritt irgendein Problem, eine Warnung auf, versucht er sofort darauf zu reagieren. Jede dieser Warnungen, z.B. erhöhter Seitenwind und dadurch bedingte Kursabweichungen, wird mit Interesse aufgenommen und führt dazu, dass der Pilot auf diese Meldung angemessen reagiert.

Ähnlich verhält es sich beim Autofahren: Leuchtet ein Warnsignal auf, schraubt man nicht die Birne heraus, sondern behebt das angezeigte Problem zum Beispiel durch Nachfüllen von Öl, einer Kontrolle des Rücklichts, der Bremsen etc.

Anders verhalten sich die meisten Menschen jedoch, wenn die Seele ihre Blinklichter aufleuchten lässt, um uns mitzuteilen: Wenn du dieses Problem beseitigst, ist alles wieder in Ordnung. Beim Flugzeug, beim Auto und im Haushalt haben wir gelernt, auf Warnsignale zu reagieren. Bei der Seele haben wir verlernt, auf Signale angemessen zu reagieren und verstehen sie nicht mehr.

Dabei sind unser Körper, unser Bewusstsein und unsere Seele viel wichtiger für uns als all die Geräte des täglichen Lebens, denen wir so viel Aufmerksamkeit schenken. So unendlich viele Kleinigkeiten und unwichtige Dinge beschäftigen uns. Die Krankheit löst uns von diesen oberflächlichen Dingen und versucht uns wieder bewusst zu machen, dass wir verletzlich und sterblich sind, dass wir uns von den wichtigen Dingen des Lebens entfernen und der Frage nach dem Sinn ausweichen. Krankheit drängt uns diese Frage unausweichlich mit Eindringlichkeit und Klarheit auf. Wir können nicht entfliehen, sie ist in uns und lässt uns erst wieder los, wenn wir unsere Lektion gelernt haben.

Jede Überwindung von Krankheit macht uns stärker und bewusster, bringt uns dazu, uns mehr mit den wichtigen Dingen des Lebens zu beschäftigen. Wer einmal in Lebensgefahr geschwebt ist, dem fällt es viel leichter, von den Nebensächlichkeiten und Kleinigkeiten, die uns den Alltag erschweren, abzulassen.

Die Heilkräfte, die in jedem von uns vorhanden sind, können sich nur dann entfalten, wenn wir dies auch geistig zulassen, wenn wir ihnen vertrauen. Dieses innere spirituelle Bewusstsein, diese spirituelle Dimension unseres Menschseins, entwickelt Kräfte, die zuerst in der spirituellen »Wirklichkeit« ihre Wirkung zeigen und sie dann auf die physische Ebene übertragen.

Viele große weise Männer und Frauen hatten Zugang zu dieser spirituellen Dimension unseres Menschseins und haben die Kräfte dieser Dimension für sich wirken lassen.

2. Die Heilkräfte in uns

Wehe denen, die in weiter Ferne suchen
und was nahe liegt, nicht sehn!
Sie gleichen denen, die im Wasser stehen
und dabei vor Durst vergehen.

Strahlst du Lebensfreude, Harmonie, Selbstvertrauen und Optimismus aus? Oder bist du ein Sklave deiner negativen Emotionen, deiner übermächtigen Sorgen?

Bist du selbstbewusst oder schleichst du dich gelassen und gelangweilt durch das Leben? Berührt dich, was um dich herum vorgeht, was dich betrifft, wo über dich und für dich entschieden wird? Nimmst du Chancen wahr, erkennst du in Problemen die Herausforderung für dich?

Wann und wovor hast du Angst, kannst du dich geistig von alten Gewohnheiten befreien, die dich einengen? Wie stehst du zu deinen Mitmenschen, zur Umwelt und – was das Wichtigste ist – zu dir selbst und zu deinem Körper?

Im Mittelpunkt des spirituellen Weltbildes steht das Bewusstsein, die Kräfte der Gedanken und Gefühle, die gestaltend wirken und soziale, ökonomische und gesundheitliche Rahmenbedingungen schaffen und bedingen. Der spirituell erwachende Mensch, der gelernt hat, seine inneren Kräfte zu aktivieren, der sein Ohr der in ihm schlummernden Weisheit öffnet, ist furchtlos, selbst- und verantwortungsbewusst. Er kennt die Notwendigkeit, seine inneren Kräfte möglichst frei fließen und wirken zu lassen, damit Gesundheit und Wohlbefinden seine Wegbegleiter sind und bleiben.

In den verschiedenen Weisheitslehren haben sich bestimmte Vorstellungen über den spirituellen Aufbau des Menschen herauskristallisiert. Dabei wird in der Literatur jedoch oft übersehen, dass es sich hierbei um geistige Hilfskonstruktionen handelt, die keinen Anspruch auf Absolutheit haben, aber eine ausgezeichnete Anschaulichkeit bieten. Manche Autoren neigen dazu, ziemlich genaue Abgrenzungen anzubieten, die dann etwa so lauten: Bis 30 Zentimeter über dem Körper dehnt sich der Astral-Körper aus, der Mental-Körper umfasst ein bis zwei Meter und der spirituelle Körper ist noch größer.

Bei diesen Körpern kommt es jedoch nicht auf die Maße und das Volumen an, sondern viel wichtiger ist es zu erkennen, welche Funktionen sie haben. Manche Menschen neigen zu übertriebener

Ich-Kultur und wollen sofort astrales, mentales und spirituelles Bodybuilding betreiben. Hier geht es einfach darum zu wissen, welche Aufgaben welche »Körper« am besten erledigen, bzw. welche Probleme in welchem »Körper« ihren Ursprung haben.

Wichtig ist vor allem, Zugang zu diesen Dimensionen zu bekommen. Bei »normaler« Wahrnehmung gibt es das Phänomen, dass bestimmte Ereignisse nur selektiv wahrgenommen werden – dies gilt ebenso für den spirituellen Bereich. Auch hier kann man beobachten, dass Menschen nicht bereit sind, bestimmte Erfahrungen oder Erkenntnisse zuzulassen. Dies führt zu einem eingeschränkten, reduzierten Bewusstsein. Spirituelle Heilung versucht, solche Mauern einzureißen und »künstlich« gezogene Grenzen wieder passierbar zu machen.

Der innere Arzt

Jede Krankheit ist heilbar, aber nicht jeder Kranke.
Emil Coue

Das spirituelle Selbst ist die Schalt- und Kommandozentrale für Noteinsätze. Eine Krankheit bricht aus. Hohes Fieber, Schüttelfrost, Erbrechen und Durchfall sind Abwehrreaktionen, die das spirituelle Selbst, der innere Arzt, in Gang setzt. Gegengifte werden verstärkt produziert, der Krankheitserreger wird bekämpft. Fieber und Ausscheidung sind erforderliche Gegenmaßnahmen, das ganze Energiesystem wird auf Abwehrreaktionen eingestellt. Verstand und Emotionen werden eingedämmt. Der Mensch erlahmt in seiner Aktivität. Diese krankheitsbedingte Passivität führt dazu, dass das spirituelle Selbst seine Aufgaben viel ungestörter als sonst – wenn der Verstand und das Ego die Oberhand haben – durchführen kann.

Ein stressgeplagter Manager mit Magengeschwür: Er hetzt sich den ganzen Tag ab, lebt von Kaffee, raucht ständig, gönnt sich keine Verschnaufpause. Im Urlaub lebt er vernünftig, geht spazieren, ist viel an der frischen Luft und ernährt sich gesund. Das spirituelle Selbst hat in dieser Zeit die Möglichkeit, ungehindert schädliche Einflüsse zu bekämpfen. Nach dem Urlaub ist das Magengeschwür weg.

Früher, als die Ärzte noch nicht so abhängig von der »Heilmittel-Industrie« waren, sprachen sie in ihren Fachzeitschriften noch von der Natur, die heilt, und von den Heilkräften der Natur. Der mit spirituellem Wissen Ausgestattete weiß natürlich, dass sein eigenes inneres Selbst der eigentliche Motor und Urzweck seines Daseins ist und seine Lebensqualität prägt.

Das spirituelle Selbst, der innere Arzt, arbeitet unermüdlich. Aber diese Arbeit geht nur unter bestimmten Bedingungen reibungslos vonstatten, nämlich, wenn wir diese Arbeit nicht durch Energieblockaden behindern. Das spirituelle Selbst kann aufgrund seiner feinstofflichen Struktur nicht direkt auf den physischen Körper einwirken, sondern nur über die Seele, den Äther-Körper, sowie über den Astral- und Mental-Körper.

Der Glaube als Heilkraft

Wie dein Glaube, so sind deine Kräfte.

Bo Yin Ra

Jeder kennt das Bibelwort: Der Glaube kann Berge versetzen. Viele Menschen »glauben«, dass man dies nicht wörtlich nehmen darf. Aber das Gegenteil ist der Fall, man muss es sogar wörtlich nehmen. Allerdings gibt es unterschiedliche Formen des Glaubens.

(1) Der Glaube als Vermutung

Dieser Glaube ist vollkommen schwach und kraftlos, er ist für die spirituelle Heilung vollkommen ungeeignet. Glaube hängt ganz entscheidend von seiner Stärke und Energie ab. Eine ausgeprägte Vorstellungskraft, gekoppelt mit wahrer Glaubensstärke, kann Wunder vollbringen.

Wer dagegen einen wankelmütigen oder schwächlichen Glauben hat, wandert oft von einem Arzt zum anderen. Was der Arzt ihm sagt, das glaubt er sofort, aber genauso schnell verwirft er den Glauben auch wieder. Auch diese Form des Glaubens kann kaum etwas zur Heilung beitragen. Das spirituelle Selbst reagiert auf diesen unverlässlichen Glauben genauso enttäuscht wie wir, wenn uns jemand zwar etwas zutraut, aber im nächsten Augenblick schon wieder an unserer Verlässlichkeit und an unseren Fähigkeiten zweifelt. Für einen solchen Menschen setzen wir uns nur ungern ein. So verhält sich auch das spirituelle Selbst, es erwartet von uns unbedingten Glauben an seine Kraft.

(2) Der Glaube als innere Überzeugung

Diese Art Glaube manifestiert sich in einer felsenfesten Überzeugung, dem Vertrauen an eine Person oder eine Idee. Wenn man ganz fest an das Gelingen oder Misslingen eines Vorhabens, Erfolg oder Misserfolg, die Gesundung oder Erkrankung glaubt, so zeigt dies Wirkung. Unser spirituelles Selbst, der Gottesfunken in uns, arbeitet für uns und fordert nur eine Art von Lohn, den Glauben. Je fester der Glaube, umso stärker und vielseitiger ist der Einsatz des spirituellen Selbst in uns.

Tagtäglich sind wir mit wirtschaftlichen, wissenschaftlichen, politischen und religiösen Glaubenssystemen konfrontiert und haben viele verinnerlicht. Je stärker unsere Gedanken und Vorstellungen von der Glaubenskraft durchtränkt sind, desto stärker ist ihre Tendenz zur Verwirklichung. Der Glaube an sich selbst bewirkt schon Wunder. Gesundheit, Erfolg, Selbstsicherheit, Durchschlagskraft, Ausdauer und vieles mehr lassen sich damit erreichen.

Das Vertrauen nach innen, auf die Hilfe von innen, ist neben der konkreten Vorstellung von der Gesundheit das Wichtigste, was Heilung ermöglicht und verstärkt.

Stets soll man nur positiv über sich selbst und die eigene Gesundheit denken. Siehst du dich in der trübsten Stunde noch immer nicht als verloren an, so wirst du auch niemals verloren sein. Denn jedem Ereignis geht ein Gedanke voraus, der bestrebt ist, sich zu verwirklichen.

Der Rat von Heinrich Suso, einem Schüler von Meister Eckhart, lautet: »Halte dich stets an dein Inneres. Halte dich nicht an das, was andere sagen, sondern allein an das, was dir innerlich offenbart wird. Sei der Hilfe von innen gewiss und bleibe gelassen in Freud und Leid; denn ein gelassener Mensch bringt es in einem Jahr weiter als ein stürmischer in drei. Achte darauf, dass keine stürmischen Gemütswallungen entstehen, die dein Denken vom Ideal abziehen. Es gibt viele Menschen, die den inneren Trieb verspüren, ihm aber nicht folgen. Ihr Inneres und Äußeres sind fern voneinander – darin liegt ihres Leides Wurzel. Wer wider sein Inneres handelt, schadet sich selbst.«

Vertrauen, Imagination und Glaube

Zu allem ist die Imagination im Stande.

Paracelsus

Vertrauen ist der Nährboden, auf dem das innere Selbst, der innere Arzt, seine Arbeit verrichten kann. Niemand arbeitet gerne für jemanden, der ihm kein Vertrauen entgegenbringt. Vertrauen ist die Basis und das Bindeglied für jede Form sinnvoller Kooperation. Auf dem Nährboden des Vertrauens wächst auch der unerschütterliche Glaube. Wer die Kräfte des Vertrauens, der Imagination und des Glaubens zu vereinen versteht, der kann vieles bewirken. Er sollte allerdings die Lehrjahre des positiven Denkens bereits hinter sich haben. Denn wer die Macht des Denkens und des Glaubens mit der Imagination verknüpft, sollte nur positive Ziele vor Augen haben.

Wird mit diesen bildenden, gestaltenden und formenden Kräften des Bewusstseins gearbeitet, muss man sich darüber im Klaren sein, dass sich positive wie auch negative Vorstellungen wirklich zu erfüllen beginnen. Dies sei hier nur deshalb erwähnt, weil es hin und wieder einmal vorkommen kann, dass man sich negativen Schwingungen zu wenig verschließt oder selbst zu negativen Stimmungen neigt. Treten sie während einer Heilbehandlung auf, ist diese sofort zu unterbrechen. Auf dieses Problem wird im Abschnitt »Die spirituelle Heilung« noch näher eingegangen.

Der durch die Imagination gestärkte Glaube ist der, von dem gesagt wird, er könne Berge versetzen. Hier paart sich die Kraft der Imagination mit der des Glaubens. Wer seine Imaginationsfähigkeit so weit entwickelt hat, dass er sich jede Situation, jede Situationsfolge wie einen spannenden Werbespot auszumalen imstande ist, dessen Vorstellungen werden sich meistens rasch verwirklichen.

Wer lernt, die positiven Kräfte zu spüren, findet auch die Punkte im Kräfteparallelogramm der spirituellen Energie, die die größte Schubkraft, die größte verändernde Bewegung gewährleisten. Immer geht es um den Ausgleich der Kräfte, das Gleichgewicht. Wer dort ansetzt, wo Leid, Krankheit und Unzufriedenheit die Gesundheit belasten, wird rasch Zufriedenheit und Gesundheit wiedererlangen.

Wenn der Wille mit den Vorstellungen im Widerspruch steht, so siegt immer die Vorstellung. Jeder ist für seine Gedanken, seine Vorstellungen und seinen Glauben selbst verantwortlich. Wer etwas Negatives denkt oder sich Dinge vorstellt, die er sich nicht wünscht, an Ideen glaubt, deren Verwirklichung bedenkliche Resultate zeitigen, der trägt dafür die Verantwortung.

Durch den Zweifel, die negative Vorstellung sowie den Gedanken an Krankheit, richten sich diese Kräfte und Energien gegen uns selbst. Wer sich nicht »krankdenken« will und sich durch negatives Denken nicht selbst schädigen möchte, muss lernen, positiv zu denken.

Das positive Denken

Das positive Denken darf nicht mit positivem Interpretieren verwechselt werden. Positives Denken heißt keineswegs, etwas Negatives positiv zu bewerten. Positives Denken bedeutet, dass man die Gedanken so ausrichtet, dass das Ergebnis positiv für mich und/oder andere ist. Wer positiv denkt, ist in jeder Lebenslage bemüht, sich Gedanken zu machen, wie die ganze Situation zum Positiven gewendet werden kann.

Positiv zu denken bedeutet, vom Herzen aus zu denken. Wenn die Gedanken vom Herzen kommen und daher dessen Schwingung haben, dann sind sie immer positiv. Wer vom Herzen aus denkt, wer sich immer vorstellt, dass seine Gedanken von dort kommen, vom Zentrum des spirituellen Selbst, der ist auf dem richtigen Weg.

Für das spirituelle Heilen ist es ganz wichtig, dass Sie lernen, sich auf Ihr Herz-Chakra zu konzentrieren, den Atem zu beruhigen und durch das Herz-Chakra aus- und einzuatmen. Gedanken sind Kräfte und jede Vorstellung führt dazu, dass Energie verstärkt in dieses Chakra fließt und seine Tätigkeit aktiviert und intensiviert.

über Herz-Chakra Atmen!

Was für das Denken gilt, kann auch auf das Sprechen und das Zuhören übertragen werden. Wenn Sie sich beim Sprechen auf das Herz-Chakra konzentrieren, lernen Sie, vom Herzen aus zu sprechen. Sie werden merken, dass Sie durch diese Aktivierung des Herz-Chakras eine viel liebevollere Ausstrahlung bekommen und dass man Ihnen sehr gerne zuhört. Ihre positive Ausstrahlung wird von den anderen sofort, wenn auch meist unbewusst, wahrgenommen.

Nehmen Sie sich als Übung für das spirituelle Heilen vor, möglichst oft von Ihrem Herzen aus zu sprechen. Dies gilt besonders dann, wenn jemand mit einem Problem zu Ihnen kommt. Hören Sie mit dem Herzen zu. Sprechen Sie aus dem Herzen. Sie werden merken, Sie hören nicht nur die Bedeutung der Worte, sondern beginnen auch den Klang und die Schwingung der Worte zu verstehen. Das gilt für das Hören sowie für das Sprechen. Ihre kommunikative Kompetenz wird schlagartig zunehmen und Sie werden merken, dass Sie rasch lernen, sensibel auf andere Menschen einzugehen.

Wenn Ihr Glaube und Ihre Vorstellungen vom Herzen kommen, ist dieser Glaube positiv. Er drückt das aus, was Ihr spirituelles und wahres Selbst will, dass Sie glauben sollen. Sie werden lernen, die Welt so zu sehen, wie Ihr wahres Selbst sie Ihnen zeigen möchte, wie Sie sie wahrnehmen sollen.

Hören v. Herzen
Sprechen v. Herzen

3. Die verschiedenen Körper und ihre Funktion

Der Äther-Körper – das zweite Nervensystem

Dreißig Speichen treffen die Nabe,
aber das Leere zwischen ihnen erwirkt das Wesen des Rades;
aus Ton entstehen Töpfe,
aber das Leere in ihnen wirkt das Wesen des Topfes;
Mauern mit Fenstern und Türen bilden das Haus,
aber das Leere in ihnen wirkt das Wesen des Hauses.
Laotse

Der Äther-Körper repräsentiert sozusagen die nächste Dimension nach dem physischen Körper. Er ist etwas feinstofflicher als dieser und hat die Funktion, dem physischen Körper Reaktionen des Mental-Körpers und des spirituellen Körpers zu vermitteln. Dieser Körper kann die Schwingungen des kollektiven Unbewussten aufnehmen, das jenseits von Raum, Zeit und Materie liegt. Es ist gleichgültig, ob man durch einen dunklen Gang in einem Berg in die Tiefe steigt und dort in einen tiefgründigen Ozean eintaucht, in dem jeder menschliche Geist seinen Ursprung hat, oder ob man auf andere Weise dorthin gelangt. In diesem geheimnisvollen Reich können wir die Rhythmen des gesamten Universums und die schöpferische Kraft finden, aus der Materie und Geist hervorgegangen sind.

Fast alle homöopathischen Medikamente wirken auf diesen Äther-Körper ein und versuchen, auf dieser Ebene zu regulieren. Die Medikamente der klassischen Medizin haben dagegen überwiegend eine Wirkung auf den physischen Körper. Das oft zu grobe oder aus guter Absicht zu starke Dosieren dieser Medikamente zeitigt nicht nur im physischen Körper Nebenwirkungen, sondern (auch und meistens noch stärker) im entsprechenden ätherischen Bereich.

Mental Körper   Spirit. Körper
Äther-Körper
physische Körper

Wie Medikamente auf Ihre Körperenergie wirken, können Sie selbst testen.

Der Körperenergie-Test

Um zu testen, wie sich Medikamente auf Ihre Körperenergie auswirken, gibt es den so genannten Armtest. Sie halten den linken oder rechten Arm ausgestreckt von sich und bitten Ihren Partner oder jemand anderen, ihn hinunterzudrücken. Der Widerstand, der sich dabei ergibt, ist ein Maß für die momentan vorhandene Körperenergie. Wenn Sie nun das Medikament in den Mund nehmen – am besten unter die Zunge – und diesen Test wiederholen, können Sie feststellen, ob es Ihre Körperenergien stärkt oder neutral oder sogar negativ auf Sie wirkt. Zeigt sich keine stärkende Wirkung, so leistet das Medikament keinen Beitrag zur Verbesserung des Gesundheitszustandes. Wer das zu prüfende Medikament bereits genommen hat, für den genügt es auch, sich darauf zu konzentrieren, wie es gewirkt hat, und er vollzieht diesen Test dann sozusagen auf der mentalen Ebene, da sich sein Bewusstsein noch an die Wirkung erinnern kann.

Der Äther-Körper hat die Aufgabe, den physischen Leib mit der Energie zu versorgen, die er benötigt, um seine Sensibilität zu bewahren, und wirkt gleichsam als Antenne, die Schwingungen in seiner Umgebung wahrnimmt. Dieses Energiesystem wird bei der Akupunktur sowie der Elektro-Akupunktur direkt angesprochen.

Auf der spirituellen Ebene nimmt der Äther-Körper die Emotionen der Mitmenschen wahr. Hier werden Aggressionen genauso geortet wie Liebe, Verständnis, Ablehnung und Unnahbarkeit. All diese Emotionen sind im Energiekreislauf des Menschen wiederzuerkennen, sie verändern ihn, verursachen Blockaden, lassen Krankheiten entstehen.

Dieser Energiekörper reagiert sehr sensibel auf die eigenen Gedanken, was sich vor allem dann zeigt, wenn man seine Gedanken so weit beruhigt, dass die Gehirnwellen im Alpha-Bereich mit einer Frequenz von 8–10 Hz (Hertz) liegen. Ist dieser Frequenzbereich erreicht, befindet man sich in jenem Zustand, in dem sich die Heilkräfte in uns am besten entfalten können. Wann immer man die Gehirnwellen von Geistheilern gemessen hat, war diese Frequenz während des Heilens dominant.

Der Äther-Körper, unser feinstoffliches Energiesystem, enthält die sieben Haupt-Energiezentren, die sieben Chakren, die entlang der Wirbelsäule angeordnet sind. Diese Energiezentren versorgen unsere Aura mit Energie: Sie können zur spirituellen Heilung genutzt werden und spielen in jedem Fall eine wichtige Rolle.

All diese Chakren haben eine bestimmte Eigenschwingung. Bei gleich starker Aktivität schwingen sie bei allen Menschen im selben Frequenzbereich. Das Prinzip der Chakrenheilung beruht darauf, durch bildliche Vorstellung (Farben), akustische Signale (Chanten), Gerüche, aber auch durch abstrakte Vorstellungen entsprechende Resonanzschwingungen in den Chakren zu erzeugen. Vielfach werden diese unterschiedlichen Methoden, die Chakren in Schwingung zu versetzen, wie jeweils voneinander unabhängige Heilmethoden dargestellt. Dies ist jedoch nicht der Fall, vielmehr liegt die Entscheidung bei Ihnen, herauszufinden, welche Methode für Sie die wirkungsvollste ist.

Wer an einer mehrdimensionalen Entwicklung seiner Fähigkeiten interessiert ist, kann natürlich für jede dieser Methoden ein eigenes Trainingsprogramm entwickeln. Im Prinzip gilt jedoch, dass jede Art von Resonanz, ob sie durch bildliche Vorstellungen, akustische Artikulation, Geruchssinn oder eine Kombination daraus erzeugt wurde, immer über das Gehirn und im weiteren Sinn über das Bewusstsein auf den Äther-Körper und damit auf das Energiesystem einwirkt.

Gehirn
↓
Bewusstsein
↓
Äther Körper
↳ Energiesystem

Darüber hinaus gibt es optisch-akustische Geräte, die den Benutzer dazu bringen, in bestimmte Bewusstseinszustände zu gelangen. Ob die damit verbundenen Chancen größer sind als die Risiken, kann man derzeit noch nicht beurteilen. Ähnliches gilt für Geräte, die mittels elektromagnetischer Felder auf das Bewusstsein des Menschen einwirken und damit die Gehirnfrequenz beeinflussen und steuern. Untersuchungen über die Wirkung von Elektrostimulation bei Depressionen befinden sich noch im Anfangsstadium. Mit endgültigen Ergebnissen zur Langzeitwirkung ist in absehbarer Zeit nicht zu rechnen.

Die sieben Chakren, die Hauptenergiezentren, sind sozusagen Energietransformatoren, die den physischen Körper mit den anderen Körpern verbinden. Dadurch eignen sie sich für direkte Beeinflussung bei bestimmten Krankheitssymptomen.

Im Prinzip sind Chakren Informationsspeicher. Sie speichern gebündelte Informationen, jedoch nicht in Form von Zahlen oder Buchstabenkombinationen, sondern als Schwingungen. Schwingungen können nämlich vollständig und äußerst komprimiert gespeichert werden. Dieses Speicherungsprinzip der Biologie wird bereits in der Technik eingesetzt. Die Computer folgender Generationen, die auf der Basis von Licht arbeiten, werden diese Speicherungstechnik verwenden. Auch hier ist die Natur, wie immer, der Wissenschaft weit voraus.

In den Chakren sind also die unterschiedlichsten Informationen in Form von Schwingungen gespeichert. Dies können Informationen sein, die frühere Leben bzw. Epochen der Evolution betreffen, sowie Erfahrungen, die in diesem Leben gemacht wurden.

Das Wurzel-Chakra

Es hat seinen Sitz in der Höhe des Steißbeins. Bei Problemen mit dem Knochenbau und den Gelenken lassen sich meistens Beeinträchtigungen in der Funktionsweise erkennen. Im Wurzel-Chakra sind die Erinnerungen an die verschiedenen Phasen der Evolution gespeichert. Zur Konzentration auf die Schwingung des Wurzel-Chakras können Sie sich auf das Meer, Wasserfälle, den Wind sowie auf die Naturgewalten einstimmen. Stellen Sie sich dabei vor, wie Sie dadurch gereinigt werden, wie sich die positiven Kräfte dieser Naturgewalten entfalten und Ihr Energiesystem stärken.

Das Wurzel-Chakra ist das Zentrum der Kundalini-Kraft. Sind alle Chakren bis zum Scheitel-Chakra geöffnet und haben sie ein entsprechendes Aktivitätsniveau erreicht, so strömt die Kundalini-Kraft aus dem Wurzel-Chakra empor, wobei die aufsteigende Energie in den jeweiligen Chakren stets auf eine höhere Schwingung gebracht wird; Energie wird transformiert.

Kinder, die von ihren Eltern abgelehnt wurden, entwickeln meistens Störungen im Wurzel-Chakra. Sie sind, bildlich gesprochen, entwurzelt und es fällt ihnen dann auch in ihrem späteren Leben schwer, Wurzeln zu fassen. Oft bleibt eine Angst vor dem Verlassenwerden zurück, die sich darin zeigt, dass man vermeidet, Partnerschaften einzugehen bzw. Bindungen zu intensiv werden zu lassen. Solche Menschen versuchen dann ständig, die nicht erreichte Liebe der Eltern durch Anerkennung zu bekommen.

Der Mangel an Sicherheit und Geborgenheit kann jedoch dadurch ausgeräumt werden, dass man solche Gedanken und Gefühle ganz bewusst in diesem Chakra erlebt, möglichst intensiv und auf verschiedene Situationen bezogen, z.B. durch Bilder der häuslichen Geborgenheit, der Partnerschaft, der Hingabe, der Vertrautheit, der Heimat. Am besten man visualisiert emotionale, herzergreifende Bilder, dadurch ergibt sich die stärkste Wirkung.

Das Sexual-Chakra

Es wird auch als das heilige oder Milz-Chakra bezeichnet und liegt in der Gegend der Geschlechtsorgane. Schwierigkeiten im Verdauungs- und Sexualbereich haben vielfach den Ursprung in diesem Chakra. Es aktiviert die schöpferischen sowie die sexuellen Kräfte und beeinflusst die Geschlechtsdrüsen.

Tantrische Praktiken dienen dazu, die sexuellen Energien kontrolliert zur geistigen Entwicklung, zur Entfaltung des Energiesystems einzusetzen. Mann und Frau werden dabei angehalten, die beim Geschlechtsakt frei werdende Energie, die Schwingungen der Harmonie, mit den Schwingungen der Agape, der bedingungslosen, nicht fordernden und begrenzenden Liebe, zu vereinen. Durch die Vorstellung und die Konzentration auf das jeweils Höhere Selbst des anderen, das spirituelle, liebevolle Sich-dem-Partner-Öffnen, kommt es zu einer spirituellen Verschmelzung, zur Einswerdung der Partner. Dies ist die sakrale Dimension der Sexualität.

Ihr Gegenteil ist die Promiskuität, die sowohl körperlich als auch rein mental erfolgen kann. Diese zahlreichen energetischen Querverbindungen führen dann gleichfalls zu Störungen im Sexual-Chakra sowie im Energiesystem dieser Person. Sexualität sollte aber auch nicht zwanghaft verdrängt werden.

Das Nabel-Chakra

Das Nabel-Chakra liegt etwas oberhalb des Nabels und wird auch als Solarplexus (»Sonnengeflecht«) bezeichnet. Probleme mit dem Nervensystem sind auf eine nicht richtige Funktionsweise dieses Chakras zurückzuführen. Seine Hauptfunktion besteht darin, den physischen Bereich im menschlichen Körper mit dem Äther-Körper zu verbinden. Die emotionalen Energien finden hier ihren Ausgang. Für den durchschnittlich entwickelten Menschen befindet sich hier quasi der Sitz seiner Persönlichkeit. Das Nabel-Chakra beeinflusst die Bauchspeicheldrüse und wirkt sich auf den Fett- und Proteinstoffwechsel aus. Störungen im Blutzuckerhaushalt sowie beim Kohlehydrat-Stoffwechsel sind oft mit Energieblockaden in diesem Bereich gekoppelt.

Das Nabel-Chakra ist das Zentrum der positiven Emotionen, der Lebensfreude, der Lebenslust und der Lebensbejahung, aber auch der Verneinung. Im Leben kommt es darauf an, diese Pole zu vereinen. Die Liebe, die einigende Kraft, ist allein dazu fähig. Innerer Frieden und innere Harmonie können sich nur durch das Aufheben dieser Gegensätze einstellen. Wer von einem Pol zum anderen wankt, mal himmelhoch jauchzend, mal zu Tode betrübt ist, kann diese Harmonie nicht erreichen.

Das Herz-Chakra

Es liegt etwas oberhalb des Herzens und ist die Quelle der Liebesfähigkeit. Besonders bei Heilprozessen ist es von besonderer Wichtigkeit. Mitgefühl, Nächstenliebe, die Liebe zu Gott, die bedingungslose Liebe und die Empathie setzen ein entwickeltes Herz-Chakra voraus. Menschen, deren Herz-Chakra aktiv ist, strahlen menschliche Wärme aus.

Lieben heißt sich öffnen, hereinlassen, was außen ist. Liebe strebt nach Einswerdung, Verschmelzung; Liebe will Trennung aufheben, Grenzen überschreiten, vereinigen. Gegensätze zwischen Ich und Du kann die Liebe aufheben und sie überwinden helfen. Liebe ist ja sagen zum Du, ohne Einschränkungen, ohne Forderungen, ohne Bedingungen. Die vollkommene Liebe, auch Agape genannt, wählt nicht mehr aus. Die Liebe Gottes ist unbedingt, ist ein Angebot an jeden Menschen, ganz egal, ob dieser davon Gebrauch macht oder nicht. Jeder kann diese Liebe zulassen, sie annehmen, sich ihr öffnen. Gott kennt keine Rassendiskriminierung, auch keine Bevorzugung von Mann oder Frau. Er fragt nicht, in welchem politischen System jemand lebt, was seine bisherigen Taten waren. Sein Liebesangebot gilt für jeden und zu jedem Zeitpunkt.

Menschen, die »cool« sind, die man als emotionalen Eisschrank empfindet, blockieren meistens den Energiefluss des Herz-Chakras. Sie zeichnen sich durch besondere Rücksichtslosigkeit aus. Diese Menschen können Gewalttaten verüben, ohne dabei Reue zu verspüren. Der narzisstische Charakter ist ein typischer Vertreter dieser Spezies. In Zentren der Macht ist der nicht so stark entwickelte Typus meistens bedingungslos untertänig oder er ist bereit, Widerstand und Kritik anderer zu brechen. Wahrheit, Wahrhaftigkeit kann er nur schwer ertragen, sich der Liebe zu öffnen ist ihm noch nie in den Sinn gekommen, dazu bedarf er der Liebe seiner Mitmenschen, um überhaupt zu erfahren, dass es so etwas gibt.

Wer bei allem, was er tut, immer sein Herz zu Gott erhebt, wer jede Tätigkeit mit Liebe, mit geistiger Hinwendung verrichtet, hat eine wichtige Grundhaltung des spirituellen Heilens entwickelt. Die Liebe muss jedoch auch immer Hinwendung zum Du sein. Eine Geisteshaltung, die nur auf sich selbst ausgerichtet ist, darauf bedacht, ständig von anderen, höher entwickelten Menschen zu profitieren, bedeutet eine gefährliche Gratwanderung, die früher oder später zum Fall führt. Sie ist vergleichbar mit der Erziehung eines Kindes, von dem sämtliche unangenehmen Dinge des Lebens fern gehalten werden. Ähnlich verhält es sich oft bei Klosterschülern: Wenn sie ihre künstliche Welt verlassen, ohne darauf vorbereitet zu sein, sind Schwierigkeiten vorprogrammiert.

Das Hals-Chakra

Es hat seinen Sitz im Kehlkopf. Nahrungsaufnahme, Kommunikation und Kreativität sind die Hauptaufgaben des Hals- oder Kehlkopf-Chakras. Es ist das Zentrum der menschlichen Ausdrucksfähigkeit. Die kreative Kommunikation mit den Mitmenschen, der telepathische Austausch erfolgt über dieses Chakra. Es übermittelt die Absicht der Seele. Auf der physischen Ebene ist ihr die Schilddrüse zugeordnet. Sie reguliert das physische Gleichgewicht und den Stoffwechsel.

Schlechte Nahrung, schlechtes Sprechen, verbale Verschmutzung, Verleumdungen hinterlassen in diesem Chakra negative Schwingungen. Alles, was über den Gaumen zur Hirnanhangdrüse und zur Zirbeldrüse gelangt, schwingt. Diese Schwingung kann sich als wunderbare, edle Schönheit manifestieren oder als Negativität. Wer sich überwiegend negativer Sprache bedient, verschmutzt dieses Chakra.

Das Stirn-Chakra

Das Stirn-Chakra wird auch »drittes Auge« genannt. Es liegt direkt zwischen und etwas oberhalb der Augenbrauen. Bei spirituell entwickelten Personen hat es eine violette Farbe. Es ist direkt mit der Sehfähigkeit im weitesten Sinne verbunden, mit dem physischen Sehen sowie dem intuitiven Erschauen und Erahnen. Hellsehen und andere paranormale Formen der bildlichen Wahrnehmung, wie z.B. die visuelle Kreativität, haben hier ihren Ursprung. Ist es aktiviert und offen, bietet es Zugang zur göttlichen Intelligenz.

Dieses hellseherische, visualisierende Zentrum dient auch zur Projektion von Bildern in die spirituelle Dimension. Durch das dritte Auge können wir Energie vom Herz-Chakra auf andere Menschen übertragen. Dies ist eine sehr wichtige Übung für die Praxis des spirituellen Heilens.

Das Stirn-Chakra ist das Zentrum für abstrakte Ideen, für Einsichten, die die Welt verändern können. Für die Fernheilung ist es ein sehr wichtiges Chakra.

Manchmal öffnet es sich zu schnell und zu weit oder ist nicht ausbalanciert. Dies führt dann dazu, dass die betroffenen Personen nicht alles verkraften, was sie durch das dritte Auge wahrnehmen, bzw. es fällt ihnen schwer, klar zwischen Realität und außersinnlicher Wahrnehmung zu unterscheiden und den Übergang von einem Bewusstseinszustand in den anderen bewusst zu kontrollieren.

Mit dem dritten Auge kann man Gedankenformen in der Aura erkennen. Diese Gedankenformen können mit der Energie des dritten Auges beeinflusst werden.

Das Scheitel-Chakra

Das Scheitel-Chakra, das auch Kronen-Chakra oder Lotus-Chakra genannt wird, ist das Chakra, mit dem wir Verbindung zu dem Universalbewusstsein, dem Allbewusstsein aufnehmen. Das Scheitel-Chakra ist der Zirbeldrüse zugeordnet, die mit der Hirnanhangdrüse einen starken Einfluss auf die Hormontätigkeit und dadurch auch auf die Gehirnwellen ausübt.

Bei spirituell entwickelten Personen strahlt es ganz besonders intensiv. Die charismatische Ausstrahlung geht zum überwiegenden Teil von diesem Chakra aus. In der religiösen Malerei finden wir dieses Chakra als Heiligenschein wieder.

Über das Scheitel-Chakra können wir spirituelle Energie empfangen, die außerordentlich heilend auf körperliche Krankheiten wirkt. Die Energien, die durch dieses Chakra fließen, regenerieren sich von selbst. Mit diesem Chakra können kosmische Energien aufgenommen und dann als heilende Energien wieder ausgestrahlt werden. Während des Heilens produziert dieses Chakra besonders viel Energie, die sich wie eine Lichtkrone auf dem Haupt des Heilers ausnimmt.

Der Mental-Körper

Das Stoffliche birgt Nutzbarkeit,
das Unstoffliche wirkt Wesenheit.
Rudolf Thetter

Der Mental-Körper ist der Bereich, in dem die Schwingungen der Gedanken und die damit verbundenen Bilder gespeichert sind. Hier gilt der Grundsatz, der Mensch ist, was er denkt und wie er handelt.

Für viele Menschen aber ist der Mental-Körper ein geistiges Gefängnis. Wenn sie ihr Leben betrachten, haben sie das Gefühl, in der Zeit und ihrer persönlichen Geschichte gefangen zu sein. Sie fühlen sich als Opfer ihrer Kindheit, der Missstände in den Schulen, der wirtschaftlichen und sozialen Stellung ihrer Eltern oder einer falschen Berufsentscheidung. Sie fühlen sich in ihrer Umgebung, der Stadt bzw. dem Land, in dem sie leben, eingesperrt.

Diese Sicht der Dinge ist eng verknüpft mit einem falschen Selbstbewusstsein oder richtiger, mit einem weitgehend nicht vorhandenen Selbstbewusstsein. Der Mensch hat im Zeitalter der Aufklärung seine Unschuld, sein »kollektives Bewusstsein«, verloren und dafür Machtstreben erworben. Er hat gelernt, die Dinge zu manipulieren, zu verändern, zu steuern und zu regulieren und ist damit aus der kollektiven Einheit zwischen Mensch und Natur herausgetreten.

Die intellektuelle Emanzipation ist verwirklicht worden. Auf der Strecke geblieben sind die empathischen, einfühlenden Fähigkeiten und das intuitive Verständnis der Gesamtzusammenhänge zwischen Mensch und Natur sowie zwischen Intellekt und dem eigenen inneren Selbst. Dieser Zwiespalt hat zu einer Polarisierung zwischen intuitiver Wahrnehmung, dem spirituellen Empfinden und der Ratio bzw. der Wissenschaft geführt. Alles, was nicht wissenschaftlich erklärbar war, d.h. jede intuitive Wahrnehmung, war für die Vertreter dieser neuen Wissenschaftsgläubigkeit »Lästerung« und wurde, wie alle Lästerungen in der Geschichte der Menschheit, unerbittlich verfolgt.

Heute genießen wir viele Annehmlichkeiten, die diese Wissenschaftsgläubigkeit uns beschert hat. Es hat – ausgehend von der Situation im Mittelalter – einen Mangel an Ratio, an Wissenschaft gegeben, der jedoch seit geraumer Zeit mehr als befriedigt ist. Inzwischen existiert im Verhältnis zu den einfühlenden intuitiven Fähigkeiten bereits ein »Überfluss« an intellektuellem Potenzial. Das Resultat sind Menschen mit kalter, intellektueller Arroganz, aber auch Bürokraten, die nichts wahrhaben wollen als das, was sie sehen und anfassen können, für die Vorschriften das Wichtigste im Leben sind.

Das Gefühl für Gerechtigkeit, Aufrichtigkeit, Wahrhaftigkeit und Ehrlichkeit ist verkümmert. Der spirituelle Heiler muss sich dieser Probleme bewusst werden. Jeder, der sich selbst heilen will, muss diesen weit verbreiteten Mangel erkennen. Menschen mit solchen Gedankenstrukturen haben meist einen einseitig orientierten Mental-Körper mit einer entsprechend einseitigen Ausstrahlung.

Spirituelle Gesundheit ist nicht nur physische Schmerz- und Beschwerdefreiheit, was die Medizin als Gesundheit definiert, sondern sie bedeutet ein richtiges Funktionieren der verschiedenen Körper und ausbalancierten Chakren – ohne einseitige Polarisierungen oder einseitige Orientierung des Mental-Körpers.

Selbstbewusstsein setzt voraus, dass man seine eigenen Talente kennt und entwickelt. Dies gilt besonders dann, wenn ein Mensch sie erst im Laufe seines Lebens in sich entdeckt. Talente sind immer vorhanden, aber oft sind sie von unserem Intellekt verschüttet worden. Sie werden meistens durch unsere Vorstellungen oder solche, die wir von anderen übernommen haben, blockiert – so genannte »Zensur-Vorstellungen«.

Zensur-Vorstellungen

Solche Zensur-Vorstellungen, die zahlreich vorhanden sind, werden von unserem intellektuellen Selbst – der linken Gehirnhälfte, die für das logisch-sachliche und kritische Denken zuständig ist – kontrolliert. Diese Zensur-Vorstellungen – du darfst nicht, du kannst nicht – sind in vielen Bereichen sinnvoll, aber viele haben wir angenommen oder übernommen, ohne ihre Berechtigung und ihren Sinn zu prüfen. Sie behindern unsere spirituelle Arbeit, ohne dass es uns bewusst wird. Um zu erreichen, dass uns diese Vorstellungen bei unserer Arbeit nicht behindern, ist es notwendig, sie durch besondere Glaubensstärke auszuschalten.

Glaubensstärke

Wer einen Lebenssinn gefunden hat, wer an etwas glaubt, kann alle äußeren Schwierigkeiten überwinden. Diese Weisheit ist vielfältig belegt. Glaubensstärke hat die Menschen die unbeschreiblichsten Grausamkeiten und Widrigkeiten überwinden lassen. Glaubensstärke war immer das Werkzeug, wenn es in der Geschichte darum ging, einem unmenschlichen Regime zu trotzen. Diese Herrschaftssysteme verfügen zwar über Waffengewalt, aber den Geist konnten sie nicht kontrollieren. Wo es Glauben gibt, existiert keine Waffe, die ihn besiegen kann.

Glaubensstärke kann unsere Talente und Fähigkeiten, die wie Bodenschätze unter der geistigen Oberfläche schlummern, erwecken und mit Energie versorgen.

Die Mental-Körper-Pflege

Das Pflegen von Äußerlichkeiten in Form schöner Kleidung, eines Autos, mit dem man sich »sehen lassen« kann, oder einer gesellschaftlichen Stellung, die beeindruckend wirkt etc., gehört weitgehend zu den Ansprüchen, die wir bestrebt sind zu erfüllen. Auch für die Körperpflege wenden wir viel Zeit und Geld auf. Der Mental-Körper-Pflege wird hingegen kaum Aufmerksamkeit gewidmet, obwohl sie für uns viel wichtiger ist als die oben angeführten Dinge. Der Mental-Körper, seine Gestalt und die Vorstellungen, die in ihm abgespeichert sind, prägen unser Schicksal, beeinflussen unsere Möglichkeiten und Chancen, unsere Gesundheit, unser Glück und den Erfolg in unserem Leben.

Ängste sind die Wächter, die unsere Zensur-Vorstellungen bewachen und bei ihrer Arbeit unterstützen. Wer sich von seinen Ängsten befreit, entbindet seinen Mental-Körper von den Fesseln, die seine Entwicklung behindern und seine Entfaltung einschränken. Wer sein Bewusstsein von Ängsten säubert, wird dadurch energetischer, tatkräftiger und kann seine Ziele und seine Lebensaufgaben viel ungehinderter erfüllen. Vielfach ist in der spirituellen Literatur der Hinweis zu finden, dass man während des Heilprozesses, also während man sich der Heilungsaufgabe widmet, das logische und rationale Denken vollständig ausschalten muss, wenn man erfolgreich sein möchte. Dies ist darauf zurückzuführen, dass wir viele dieser Zensur-Vorstellungen, die uns behindern und unsere Glaubensstärke untergraben oder entkräften, tief verinnerlicht haben.

Die Mental-Körper-Pflege kann dazu beitragen, dieses Übel direkt an der Wurzel zu packen, sodass es möglich sein wird, ohne Widerstand des logischen und kritischen Geistes – des Denkens in der linken Gehirnhälfte – im harmonischen Einklang beider Gehirnhälften zu arbeiten. Natürlich ist die einseitige Ausrichtung auf die rechte Gehirnhälfte und die dort angesiedelten Fähigkeiten eine mögliche Lösung, die rasch zum Erfolg führt, aber sie ist nicht die beste aller Lösungen.

Die Harmonisierung der verschiedenen geistigen Dimensionen in uns darf als endgültiges und entscheidendes Ziel nie aus den Augen verloren werden. Pragmatische Kompromisse dürfen immer nur kurzfristige Lösungen darstellen, denn sonst gleichen wir dem Wanderer, der den Gipfel erstürmen möchte, sich aber unterwegs bereits auf einer Schutzhütte häuslich niederlässt und sein Ziel, den Gipfel zu erreichen, vergessen hat.

Der spirituelle Körper

Dein inständiges Gewissen
sei Sonne deinem Sittentag.
Johann Wolfgang von Goethe

Der spirituelle Körper ermöglicht es, die Verbindung zum spirituellen, göttlichen Sein der Schöpfung bzw. dem schöpferischen Bewusst-Sein aufzunehmen. Er wird von spirituellen Energien des Kosmos gespeist und liegt auf derselben Schwingungsebene. Raum und Zeit haben für ihn keine Bedeutung.

Der spirituelle Körper hat viele Namen: Höheres Selbst, das göttliche Selbst, innerer Meister, der Heiler in uns, Intuition, Ebene der Eingebungen, innere Stimme, Sitz der göttlichen Intelligenz, Sitz des Allbewusstseins etc. In der esoterischen Literatur gibt es noch weitere Unterscheidungen, die aber für unsere Betrachtungen, bezogen auf das spirituelle Heilen, keine Rolle spielen.

4. Spirituelle Psychologie

Wie unsrer Kindheit und des Alters Leib ein
andrer Körper ist und doch der Geist
in seiner Einheit ewig fortbesteht
und wandert von der Kindheit bis zum Mann,
von Mann zum Greise – so auch wandert er
von einem Körpersein zum andren Sein,
im ewigen Weltenrhythmus fort und fort.
Die Weisen wissen das und trauern nicht!
Bhagavad Gita, 2. Gesang

Wir befinden uns mitten in einer Entwicklung, die dem Aufbruch aus dem Mittelalter ähnlich ist. Damals kamen immer mehr Menschen zu der Überzeugung: Die Wirklichkeit ist nicht nur das, was uns die Kirche lehrt. Wir können die Welt beobachten, wir können messen, vergleichen, analysieren, nachdenken, Schlussfolgerungen ziehen und neue Erkenntnisse erwerben. Ja, sie hatten Recht, die Erde war rund und nicht flach. Dafür ging Galilei ins Gefängnis. Die Freiheit, die er sich im geistigen Bereich genommen hatte, entzog man ihm im physischen. Man begann die Natur und ihre Gesetze zu erforschen, zog in die Welt hinaus und eroberte sie: andere Kontinente, Menschen, Kulturen und Bodenschätze.

Die geistige Einstellung bestand dabei darin zu herrschen, Völker, ja ganze Kontinente wurden unterworfen, man fing an, die Erde auszubeuten. Das Bewusstsein der Menschheit veränderte sich. Maschinen wurden gebaut, die man nun für sich arbeiten ließ.

Die Menschen begannen ein Bewusstsein zu entwickeln, das darauf aufgebaut war, alles aus utilitaristischer Sicht zu betrachten: Was kann ein Ding, eine Sache, ein anderer Mensch mir nützen. Der Gedanke, etwas mit dem anderen gemeinsam zu tun, verkümmerte. Die Bewohner des Planeten Erde fingen an, sich als Konkurrenten zu betrachten. Die Bereitschaft, dem anderen zu schaden, wurde größer. Die Folgen waren Angst und Konkurrenzdruck, stärker unter den Wohlhabenden, der herrschenden Klasse, als unter den Beherrschten.

Gegenwärtig befinden wir uns in einer ähnlichen Entwicklungsphase. Die Welt ist viel mehr, als die Naturwissenschaften ihr zugestehen. Es existieren nicht nur die messbaren und sichtbaren Dinge, sondern auch Bereiche, die nur erlebt, erahnt bzw. empathisch wahrgenommen werden können. Die moderne Physik beschäftigt sich mit der Frage, ob es mehrere Welten gibt, die nebeneinander oder auch im gleichen Raum existieren. Von Physikern wird sogar die Frage gestellt: Ist unsere Erde ein Lebewesen, hat sie ein Bewusstsein? Wohin geht die nächste Evolutionsstufe?

Man spricht wieder über Liebe, man erkennt, dass der bisherige Weg, bei dem sich jeder einen psychischen Panzer zulegt hat, um im Alltagskampf überleben zu können, in eine Sackgasse führt. Eine geistige Erneuerung, die unser bislang dominierendes Denken auf den Kopf stellt, findet statt. Nicht die materiellen Güter sind das Wichtigste im Leben, sondern die bleibenden und geistigen Werte. Materielle Güter kann man nur bis zum Tode anhäufen und muss sich dann von ihnen trennen. Geistige Werte dagegen stärken unsere Seele und das spirituelle Bewusstsein, das, was erhalten bleibt, darin sind sich alle Religionen einig.

Unser bisheriges Wachstum stößt nunmehr eindeutig an seine Grenzen. Für das innere Wachstum dagegen existieren keine wachstumsbeschränkenden Elemente, keine Sachzwänge, die es notwendig erscheinen lassen, dieses Wachstum zu zügeln. Ganz im Gegenteil, im geistigen, spirituellen Bereich herrscht ein gigantischer Nachholbedarf. Unserem Körper geben wir das tägliche Brot, aber für die spirituelle Nahrung unserer Seele nehmen wir uns viel zu wenig Zeit. Dafür wenden wir kaum Energie auf, gemessen daran, wie stark wir uns für unsere berufliche Karriere einsetzen.

Die Meditation

Selig sind die Belächelten, denn ihre Früchte sind wahrhaftiger und weiser. Es sind spirituelle Früchte, die man nicht wiegen, nicht kaufen und nicht maschinell fertigen kann. Sie belasten die Umwelt nicht, verursachen keine Entsorgungsprobleme, bedrohen das Klima nicht, sind bekömmlich und jeder kann sie genießen, wenn er dazu bereit ist.

Die Meditation lässt solch spirituelle Früchte reifen. Alle Menschen können sie gemeinsam oder allein ausüben. Niemand kommt dabei zu Schaden, man genießt sie nicht auf Kosten anderer. Je mehr Menschen miteinander meditieren, umso stärker ist die Schwingung und umso stärker die Meditationserfahrung für jeden Einzelnen. Wenn Friedfertigkeit und geistige Harmonie die Welt »erobern«, gibt es keine Eroberten und keine Eroberer. Die Erde könnte von einem neuen Bewusstsein umhüllt werden, das den Zerstörungsgeist eines jeden Einzelnen unterbinden würde.

Die Zeit ist knapp, lange hält unser Planet das bisherige Bewusstsein der Menschen, das ihn umspannt, nicht mehr aus. Vielen fehlt das tägliche Brot, aber fast alle benötigen das spirituelle tägliche Brot, das unsere Seele nährt und sie gedeihen lässt. Wir benötigen es in viel höherem Maß und wir müssen dafür kein Geld ausgeben; es ist immer frisch und labt uns. Das spirituelle tägliche Brot wird uns nicht als Strafe für schlechtes Benehmen vorenthalten. Es ist reichlich vorhanden. Wir müssen nur lernen, es stärker in uns aufzunehmen, als wir es bisher tun, und uns bewusst machen, wie sehr wir es brauchen.

Die spirituelle Selbsthilfe

Denkst du in Harmonien, so wirst du in anderen
Harmonien zum Erklingen bringen,
doch denkst du Verderben und Chaos,
so wirst du auch in anderen
Verderben und Chaos bewirken.

Bo Yin Ra

Spirituelle Selbsthilfe erlangen wir durch spirituelles Denken, Handeln und Fühlen. Der beste Weg, sich mit etwas auseinander zu setzen, besteht darin, sich mit den spirituellen Gegebenheiten zu konfrontieren. Spirituelles Denken bedeutet, dass unser Denken sich in der spirituellen Dimension abspielt. Wer sich bewusst auf sein spirituelles Selbst konzentriert, wer sich mit dem Herzen empathisch auf sein spirituelles Selbst einschwingt, der denkt spirituell.

Das klingt sehr einfach. Obwohl es jeder, der wirklich will, sehr schnell erlernen kann, muss man doch einiges dabei berücksichtigen. Vor allem ist regelmäßige, tägliche Praxis erforderlich. Gehen, laufen und schwimmen haben wir auch nicht sofort gelernt, aber nach einigen Mühen und mit dem Willen, es zu schaffen, hat es schließlich geklappt. Was man einmal gelernt hat, verlernt man nicht mehr so schnell. Man muss jedoch regelmäßig üben, will man über das Basisniveau hinauskommen.

Der Irrglaube an die Allmacht der Intelligenz

Wir müssen den Panzer unseres alltäglichen Verhaltens aufbrechen und zu unserer ursprünglichen Individualität zurückfinden. Wir müssen der Manipulation unseres Bewusstseins entgegentreten und dürfen es nicht durch falsches Denken negativ beeinflussen. Sind wir noch verführbar durch industrielle Bewusstseinsmanipulation, durch kommerzielle und politische Werbung? Laufen wir durch unser Sicherheitsstreben noch direkt in die Arme derer, die kollektive Anpassung anstreben? Wir brauchen mehr Mut zur persönlichen Freiheit, aber auch die solidarische Gesinnung, das Verbundensein mit allen anderen Individuen auf spiritueller Ebene.

Mit Intelligenz und einem kühlen Kopf können wir viele Dinge sachlich und konstruktiv erledigen, aber wenn es um die Seele geht, kommt es nicht auf das logische Denken, sondern auf die Fähigkeit zu empathischer Wahrnehmung an.

Geistige Diät – Abstinenz von negativen Bildern

Achte auf deine Gedanken,
sie sind der Anfang einer Tat.
(Quelle unbekannt)

Viele psychische Probleme entstehen durch negative Vorstellungen. Wie jede Kraft können auch die Gedanken – oder die schöpferische Imaginationskraft – richtig und falsch eingesetzt werden. Diese Kräfte können sowohl zur Gesundung als auch zu einer Erkrankung beitragen. Jeder Mensch ist mehr oder weniger mit der Begabung der Imagination ausgestattet. Leider haben viele Menschen die Neigung, sich negative Bilder auszumalen. Sie sagen sich: »Ich habe immer Pech, alles wird schrecklich sein und ganz bestimmt schlecht für mich ausgehen.«

Jedes Bild wirkt umso stärker, je mehr man an ihm festhält und je ähnlicher sich die Bilder sind. Sie können sich auch gegenseitig beeinflussen und einen negativen oder positiven Trend sowie eine Grundhaltung verstärken. Manchmal ist die Realität der Imagination so übermächtig und wird durch so viele ähnliche Bilder unterstützt, dass die Loslösung fast einen Gewaltakt erfordert.

Psychiater und Psychologen kennen eine Reihe von Patienten, die sich mit einer wahren Fülle negativer, Furcht erregender Bilder umgeben haben und von diesen Schwingungen nicht mehr loskommen.

Meistens benötigen sie dann eine Person, die für sie eine Autorität darstellt und ihnen gegenteilige, positive Vorstellungen nahe zu bringen versucht. Dieses Herauslösen aus einer negativen Vorstellungswelt erfordert meistens viel Energie und Ausdauer.

Es ist oft schwierig, solche Patienten dazu zu bringen, positiv zu denken, und sie wieder Hoffnung und Zuversicht gewinnen zu lassen. Viele Jahre ihres Lebens haben sie damit zugebracht, sich alles negativ vorzustellen, und stellt sich nicht augenblicklich ein Erfolg ein, werden sie auch einer solchen geistigen Therapie gegenüber misstrauisch. Damit erfüllt sich dann wieder die Prophezeiung ihres negativen Denkens. Oft fühlen sich diese Patienten bestätigt: »Nichts und niemand kann mir helfen. Ich habe wirklich ein schweres Schicksal.« Und tatsächlich tritt alles auf Grund ihrer eigenen negativen Vorstellungen auch so ein.

Selbstbeobachtung – Lauern auf Beschwerden und Symptome

Das Lauern auf etwaige Beschwerden und Symptome ist gleichfalls ein weit verbreitetes Fehlverhalten. Wer ständig darüber grübelt, wann und wie häufig welches Symptom wieder auftritt, der lenkt seine Gedanken und seine Energien genau auf die Dinge, die er vermeiden möchte, und bewirkt durch dieses Verhalten genau das Gegenteil.

Bei psychischen Problemen soll man nicht ständig in sich hineinhorchen, jede ängstliche Regung registrieren und damit verstärken.

Worauf Sie die Gedanken richten, dorthin fließt auch die Energie, die für die Verwirklichung dieser Gedanken notwendig ist. Werden Sie also nicht zum Energienspender für Ihre eigene negative Beeinflussung.

Meine Gedanken sind von Freude und Kreativität erfüllt.

Ich denke und handle klar und frei und bin vital und gesund.

Alle meine Zellen, Nerven und Organe sind gesund.

Ich glaube und vertraue meiner inneren Heilkraft
und dafür bin ich dankbar.

Meine Gedankenwelt ist mit Freude, Glück,
Lebensqualität und Gesundheit gesegnet.

Ich bin heil und gesund.

Solche und ähnliche aufbauende Gedankenenergien sind notwendig, um eine sinnvolle und bewusste Zielbildgestaltung zu verwirklichen.

Viele Menschen bauen sich geistige Feindbilder auf, verstärken diese mit negativen Vorstellungen, die die Wirklichkeit weit übertreffen und glauben so gegenüber vermeintlichen oder auch tatsächlichen Feinden stärker zu sein. Tatsache ist, dass das Gefühl der Feindschaft dadurch verstärkt wird. Es kommt zu geistigen Polarisationen, die Energie beanspruchen. Solche Menschen fühlen sich stets geschwächt und merken nicht, dass sie für diesen Zustand mitverantwortlich sind.

Man sollte sich stattdessen stets mit positiven, aufbauenden Gedanken und Vorstellungen umgeben. Nur solche Vorstellungen, die das Positive in den Vordergrund stellen, die eigenen Stärken hervorheben und helfen, vorhandene Schwächen in Stärken zu verwandeln, bringen einen tatsächlich weiter. Natürlich kennt jeder Menschen, mit denen er nicht harmoniert. Aber auch hier gilt der Grundsatz, sich entweder positive Zielvorstellungen vor Augen zu halten oder, falls das nicht gelingt, die Gedanken an solche Menschen zu vermeiden. Auf jeden Fall sollte man sich hüten, negativen Vorstellungen Energie zu schenken. Denn der Grundsatz, dass unsere Energien dorthin fließen, wo wir mit unseren Gedanken sind, gilt immer.

Hasserfüllte Vorstellungen stellen für jedes Bewusstsein längerfristig ein ernstes Problem dar. Wer es sich zur Gewohnheit macht, hasserfüllt über einen vermeintlichen oder auch tatsächlichen Feind zu denken, bringt sich in eine zwiespältige Situation. Denn alle Bilder, die wir im Unterbewusstsein gespeichert haben, neigen dazu, sich durch ähnliche Bilder zu vermehren. Diese Vorstellungen haben die Tendenz, sich zu verwirklichen, und sie ziehen gleichartige Energien an, das heißt, sie bringen uns dazu, immer wieder in ähnlicher Art negativ zu denken.

Wenn man über einen anderen Menschen negativ denkt, sollte man sich immer die Frage stellen: Wie würde ich selbst darauf reagieren, wenn ein anderer Mensch so über mich dächte? Man muss sich nämlich darüber im Klaren sein, dass die anderen Menschen die gegen sie gerichteten Gedanken erahnen oder erfühlen. Allerdings kann es lange dauern, bis sie von der anderen Person bewusst wahrgenommen werden. Solche negativen Vorstellungen drängen nämlich darauf, sich zu verwirklichen, treten mit den Gedanken des betreffenden Menschen in Verbindung und versuchen, dort ähnliche Gedanken zu provozieren. Denn zum Streiten gehören immer zwei. Es muss also auch der andere dazu gebracht werden, negativ zu denken. Die negativen Vorstellungen schaukeln sich so gegenseitig auf und beginnen sich zu verwirklichen, wenn die negativen Energien bei beiden stark genug sind. Es kommt zur Konfrontation.

Im Berufsalltag kommt es häufig vor, dass Menschen gänzlich unterschiedliche Vorstellungen davon haben, was sie verwirklichen wollen. Treffen nun Menschen mit sehr kontroversen Zielvorstellungen aufeinander, kommt es häufig dazu, dass sie gegeneinander konkurrieren und in der Folge beginnen, sich zu bekämpfen. Die Energien werden dann fast ausschließlich dazu verwendet, die Position der anderen Person zu untergraben. Irgendwann tritt schließlich der Zustand ein, dass nichts mehr geht. Es gibt kein Vor und kein Zurück und alle Beteiligten sind frustriert.

Solche psychischen Konfrontationen haben meistens früher oder später gesundheitliche Folgen. Das Krankheitsbild ist dann durch die positive Sicht der eigenen Person und die negativen Empfindungen gegenüber dem Konkurrenten und dessen Ablehnung geprägt.

Werden Sie zum Wagenlenker Ihrer Gedanken

Um Situationen wie die oben beschriebene zu vermeiden, muss man lernen, seine Gedanken unter Kontrolle zu bringen. Wenn Sie versuchen wollen, Ihre Gedanken zu lenken, müssen Sie wissen, wo die größte Kraft liegt. Hierbei ist vor allem zu beachten, dass der Glaube stärker ist als der Wille. Ein einfaches Beispiel soll diesen Zusammenhang zwischen Glaube und Willen verdeutlichen.

Stellen Sie sich vor, Sie müssten auf einer Wiese über einen Balken von einigen Metern Länge spazieren. Dies würde Ihnen vermutlich überhaupt keine Schwierigkeiten bereiten. Da Sie glauben, diese Aufgabe leicht bewältigen zu können, werden Sie es auch schaffen. Der Wille spielt dabei kaum eine Rolle.

Wenn Sie dagegen versuchen, Ihre ganze Willenskraft zusammenzunehmen, und sich vornehmen, in einigen hundert Metern Höhe über den gleichen Balken zu spazieren, werden Sie sofort den Unterschied merken. Es stellt sich das Gefühl der Angst ein und Sie wagen dieses Experiment nicht, obwohl Ihr Wille, es zu tun, sehr stark sein kann. Die Angst, hervorgerufen durch den Glauben, dass Sie es nicht können, dass hier eine sehr große Gefahr auf Sie lauert, wird Sie von diesem Vorhaben abbringen. Der Glaube hat den Willen besiegt.

Ähnlich verhält es sich bei der Krankheit. Wenn Sie zwar den unerschütterlichen Willen haben, gesund zu werden, gleichzeitig aber glauben, dass Sie nicht gesund werden können, dass vielleicht sogar Ihre Krankheit Ihr Schicksal ist, dann werden Sie nicht wirklich gesund werden.

Wer jeden Tag einen Spaziergang macht, sich gesund ernährt, gleichzeitig aber fest daran glaubt, dass die Welt untergeht oder »alles ganz furchtbar« wird, wird immer mehr Willensanstrengung für sein Gesundheitsprogramm aufwenden müssen. Wer dagegen seinen Glauben positiv ausrichtet, kann sich viel Willenskraft ersparen.

Der Glaube besiegt den Willen

Alles nun, was ihr wollt, dass euch die Menschen tun, sollt ebenso auch ihr ihnen tun.

Matthäus 7/12

Wer glaubt, dem ist es auch möglich, für diesen Glauben zu sterben, der erträgt die Qualen von Folter und Entbehrung. Wer versucht, dies allein durch Willensanstrengung zu erreichen, wird sofort erkennen, wie wenig man mit seinem Willen wirklich erreichen kann. Das soll jedoch keineswegs zu der Ansicht verleiten, der Wille sei vollkommen sinnlos, man müsse nur an etwas glauben und schon sei alles in Ordnung. Diese Schlussfolgerung darf man daraus nicht ziehen. Die Erfahrung zeigt, dass Wille und Glaube nicht zur Verwirklichung gegensätzlicher, sondern gleich gerichteter Ziele eingesetzt werden sollten.

Dabei muss man allerdings berücksichtigen, dass es wesentlich leichter ist, den Willen auf neue Ziele auszurichten als den Glauben. Wer jedoch einen starken Glauben hat oder sich ernstlich bemüht, einen solchen zu entwickeln, bei dem können sich Wunder einstellen. Durch Willensanstrengung ist es noch keinem Menschen gelungen, Wunder zu bewirken. Diese Erkenntnis ist für die spirituelle Heilung von ganz außerordentlicher Bedeutung.

Wer die Früchte des Glaubens ernten will, bisher wenig geglaubt und viel negativ gedacht hat, steht vor einem ähnlichen Problem wie jemand, der in einer Steinwüste Gras pflanzen möchte. Zuerst muss der Boden so verändert werden, dass die Pflanzen gedeihen können. Außerdem benötigen diese ständig ausreichende Bewässerung. So verhält es sich auch im spirituellen Bereich. Man benötigt eine spirituelle Grundlage als Humus, um spirituelle Früchte ernten zu können.

Die tägliche Vorstellung

Ich glaube und vertraue der universellen Kraft
und sie schenkt mir vollkommene Gesundheit.

Ich freue mich über meine körperliche und seelische Gesundheit.

Ich fühle mich stark, vital, tatkräftig und voller Mut;
mein Gemüt ist stets ruhig und ausgeglichen!

Ich liebe das Leben und das Leben liebt mich.

Ich bin gesund und glücklich und lebe ein erfülltes Leben.

Ich sage täglich JA zum Leben und alles Gute strömt mir zu.

Meine Zellen, Nerven und Organe sind erfüllt von heilender
Energie (Kraft) und ich bin dankbar für mein Gesundsein
und meine Lebensfreude.

Ich glaube und vertraue dem Leben.

Ich bin erfüllt von einer starken Glaubenskraft.

Ich bin ein Herzens-Denker und -Lenker und ich fühle mein Gesund- und Heilsein.

Ich glaube an die Eine Kraft und alles Wahre, Schöne und Gute fließt jetzt in mein Leben.

Ich danke für mein Heil-Sein und ich lebe ein glückliches und erfolgreiches Leben.

5. Gedanken und Emotionen – Energien

Viel vermag der Gedanke,
mehr die Vorstellung,
am meisten der Glaube.
(Quelle unbekannt)

Gedanken und Emotionen sind Energien. Diese Energien beeinflussen das eigene Energiesystem und auch das der Mitmenschen. Wer sich selbst davon überzeugen möchte, wie Gedanken wirken, der braucht es nur einmal mit einer sehr negativen Vorstellung auszuprobieren. Was wäre, wenn ich nach Hause komme, das Haus ist abgebrannt, Kinder und Angehörige sind verschleppt worden, ich habe meine Kündigung erhalten und eine Drohung: »Wenn Sie nicht sofort verschwinden, werden sie umgebracht.«

Sie werden sehr schnell merken, dass, wenn Sie sich diese Situation auszumalen beginnen, Sie ein leichtes bis erhebliches Kribbeln in der Magengrube verspüren. Lebensfreude, Energie und Wohlbefinden gehen sehr rasch zurück. Ihre physische Kondition ist nicht beeinträchtigt und trotzdem fühlen Sie sich elend. Gedanken haben eine Wirkung.

Ein konkretes Beispiel: Eine Frau erfuhr von ihrem Arzt, dass sie Gebärmutterkrebs habe und dieser schon sehr weit fortgeschritten sei. Ihre Stimmung verschlechterte sich sofort rapide. Nach sechs Wochen hatte sie fünf Kilo abgenommen. Lebensfreude und Unternehmungsgeist waren erloschen. Betrübt und resigniert erwartete sie vollkommen verängstigt den nächsten Tag. Jeder Tag, so glaubte sie, könne ja schließlich der letzte sein.

Dann kam ihr Sohn aus dem Ausland zurück und überredete sie, noch einmal einen Arzt aufzusuchen. Zuerst weigerte sie sich, aber dann willigte sie schließlich doch ein. Dieser Arzt stellte fest, dass sie gar keinen Krebs hatte. Eine Rücksprache mit dem ersten Arzt brachte es dann ans Tageslicht: Es handelte sich bei der Diagnose um eine Verwechslung. Als die Frau das erfuhr, schöpfte sie wieder Hoffnung und Lebensmut. Nach vier Wochen hatte sie wieder ihr ursprüngliches Gewicht und ihre Lebensfreude kehrte zurück.

Diese Frau ist also keineswegs krank geworden. Nur ihre negative Einstellung zu einer Diagnose, die auf sie gar nicht zutraf, führte dazu, dass sich ihr Gesundheitszustand rapide verschlechterte – wie sich im Nachhinein herausstellte, vollkommen zu Unrecht. Man sieht an diesem Beispiel deutlich, wie schrecklich sich negatives Denken auf die Gesundheit und das Wohlbefinden auswirken kann.

Das Gesetz der Resonanz

Kränkungen machen krank. Wer von seinen Mitmenschen gekränkt wird und von ihnen negative Schwingungen annimmt, reagiert darauf nach dem Gesetz der Resonanz. Ein Sprichwort lautet: »Wie man in den Wald hineinruft, so schallt es heraus.« Ein anderes: »Der Ton macht die Musik.« Damit ist unbewusst das Gesetz der Resonanz gemeint. Es besagt: Jede Schwingung, die du aussendest, führt dazu, dass die gleiche Schwingung wieder zu dir zurückkommt. Dieses Gesetz gilt immer für Menschen, die gelernt haben, rein passiv zu sein. Wer passiv ist, passiv denkt und passiv handelt, der reagiert nur. Er bestimmt damit nie die Schwingungsebene, auf der Kommunikation stattfindet.

Jeder erntet das, was er gesät hat. Dies trifft ganz besonders auf die Wirkung der Gedanken zu. Der Samen jeder Tat ist ein Gedanke. Wer seine Denkgewohnheiten ändert, wird bald merken, dass vieles in seinem Schicksal sich zum Positiven wendet. Wer im Gespräch Mitleid erheischt, wird früher oder später durch die Wirkungen seiner eigenen Gedanken bestraft. Jeder Mensch ist sozusagen sein eigener geistiger Architekt. Seine Worte und seine Gedanken beeinflussen sein Schicksal und führen dazu, dass dieses und jenes in sein Leben eintritt und anderes nicht.

Umgekehrt verhält es sich mit dem positiven Denken. Wer optimistisch voller Lebensfreude, mit Mut und Tatkraft den Tag beginnt und Schwierigkeiten als Herausforderungen, als Chancen sieht, fühlt sich ganz anders als jemand, der sich über jede Kleinigkeit ärgert. Wer jeden als Gegner sieht, auf der Straße, im Beruf und in alltäglichen Situationen wie etwa beim Theaterbesuch, wenn es um die »schönste« Garderobe geht, der hat ein schweres Leben, weil er das erntet, was er geistig gesät hat. Für viele Menschen wäre eine geistige Diät sehr wichtig. Vieles würde sich in ihrem Leben dadurch zum Besseren wenden.

Gedanken und ihre Wirkungen

In der modernen Physik stellt man sich bereits die Frage: Sind Gedanken Quanteneffekte? Wie viele Welten gibt es, wie sind sie miteinander verknüpft? Solche Fragen wurden vor nicht allzu langer Zeit noch in den Bereich der Spekulation verwiesen. Das ist Mystik, sagten die Forscher und meinten damit, dass es so etwas wahrscheinlich gar nicht wirklich gibt. Die neueren Erkenntnisse zeigen, dass man auch in der Physik und in anderen exakten Wissenschaften diese Phänomene schon bald nicht nur messen, sondern auch mathematisch wird formulieren können. Für viele ist die Vorstellung, dass wir gleichzeitig in verschiedenen Welten existieren, noch ein Schock, aber beim heutigen Stand der Wissenschaft kann man dies nicht mehr ausschließen.

In der spirituellen Praxis wird mit diesen Vorstellungen schon lange gearbeitet. Praktiker fragen sich immer nur, wie etwas funktioniert. Die Energie des Bewusstseins war schon immer da und ihre Anwendung ist vollkommen kostenlos. Man weiß jetzt, dass Bewusstsein Energie ist. Nun bemüht man sich, diese Energie in den Forschungslabors zu untersuchen.

In früheren Jahrhunderten wurde das Wissen um das Bewusstsein von den »Insidern« bzw. den »Wissenden« geheim gehalten. Sie dachten, die Menschen seien noch nicht reif für dieses Wissen. Die Verantwortung dafür, diese Bewusstseinsenergie sinnvoll zu verwenden, liegt bei uns allen. Die Technik, sie zu nutzen, ist sehr einfach.

Sag nein zu deinen negativen Vorstellungen

Bejahe deine positiven Vorstellungen und Visionen und gib den negativen Bildern in deinem Bewusstsein keine Kraft. Wenn du negativen Vorstellungen nachgibst, dich mit ihnen auseinander setzt, spendest du ihnen Kraft. Worauf der Verstand die Aufmerksamkeit richtet, dahin fließen die geistigen Energien.

Positive und negative Emotionen

Von großer Bedeutung für die spirituelle Gesundheit, die über das körperliche Wohlbefinden hinausgeht, ist, dass negative Emotionen den spirituellen Körper des Menschen negativ beeinflussen. Negative Emotionen stellen im spirituellen Körper des Menschen Schwingungen dar, die auf den gesamten Energiefluss dieses Körpers negativ reagieren, den Energiefluss blockieren. Man spricht in diesem Zusammenhang auch von Energieblockaden, die das emotionale Gleichgewicht stören.

Man kann lernen, solche Energieblockaden feinstofflich zu erfühlen. Dazu muss man wissen, dass das Zentrum der feinstofflichen Wahrnehmung im Herzen liegt. Wer sich vollkommen entspannt, sich damit in den Alpha-Zustand bringt und ganz auf sein Herz konzentriert, d.h., sein Bewusstsein in das Herz-Chakra verlagert, kann die feinstofflichen Energien seines spirituellen Körpers spüren. Vielen Menschen fällt es allerdings leichter, diese feinstofflichen Energien mit dem dritten Auge visuell wahrzunehmen.

Loslassen von Wünschen und Sehnsüchten

Das Loslassen von Wünschen, Sehnsüchten und Emotionen ist ein weiterer wesentlicher Bestandteil spiritueller Entwicklung. Wer ständig negativ über sich und seine Mitmenschen denkt, immer das Schlechte erwartet und mit seinen Emotionen voll und ganz in den weltlichen Dingen verhaftet ist, setzt seiner spirituellen Entwicklung selbst Grenzen, die er dann nicht mehr überschreiten kann.

Dies soll jedoch nicht heißen, dass Sie auf Ihren Besitz oder alle anderen Dinge, an die Sie sich gewöhnt haben, verzichten müssen oder sollten. Beim Loslassen von Wünschen und materiellen Dingen geht es in erster Linie um die innere Einstellung, die man zu diesen Dingen entwickelt. Wer beispielsweise etwas besitzen möchte und seinen Wunsch nur darauf stützt, dass andere es nicht haben, schadet sich letztlich selbst.

Ähnlich verhält es sich bei Beziehungen zwischen Menschen. Wer erwartet, dass die anderen für ihn da sind und sich für ihn einsetzen, ohne dass er etwas für sie tut, stört die Harmonie. Denn all diese Vorstellungen und Einstellungen Menschen oder Dingen gegenüber haben eine eigene Schwingung, die von den Mitmenschen unbewusst wahrgenommen wird. Wer über andere negativ denkt, darf sich nicht wundern, wenn diese Negativität, die seine Gedanken ausstrahlen, zu ihm zurückkommt. Das Gesetz der Resonanz besagt: »Die Emotionen, die man in sich selbst erzeugt und dann bewusst oder unbewusst aussendet, strahlen so lange, bis sie auf ein Subjekt treffen, das zu dieser Schwingung in Resonanz tritt.« Wenn dies der Fall ist, passiert das Gleiche wie bei einem Radioprogramm, dessen Wellen auf einen Sender treffen, der sie verstärkt und dann weiterleitet.

Wer an andere Menschen denkt und dabei Ansprüche an sie stellt, handelt negativ, denn kein Mensch ist dafür geschaffen, für den anderen etwas zu tun, es sei denn freiwillig oder auf der Basis von Gegenseitigkeit. Wer in seinem Denken stets Ansprüche an sich selbst oder auch andere stellt, übt damit einen unsichtbaren Zwang auf sich selbst oder die anderen aus. Nach dem Gesetz der Resonanz wird sich daher früher oder später die entsprechende negative Schwingung wieder bei ihm einfinden.

Wer spirituelle Umweltverschmutzung betreibt, kann zwar einige nicht so gefestigte Menschen damit negativ beeinflussen, aber insgesamt fällt alles wieder auf ihn zurück, zumal nach dem Gesetz der Resonanz diese Schwingung immer wieder versucht, sich unabhängig von Raum und Zeit mit ähnlichen Schwingungsträgern zu verbinden.

Wer über andere stets so denkt, wie er gerne hätte, dass andere Menschen in den gleichen Situationen über ihn denken, hat eine verlässliche Richtschnur für das positive Denken. Positives Denken heißt nämlich, so zu denken, dass das Ergebnis positiv ist. Der Bibelspruch »An ihren Früchten sollt ihr sie erkennen« gilt ganz besonders für die Gedanken. Gedanken, die zu guten Resultaten führen, sind konstruktiv und positiv.

Wer sich selbst zum Sender negativer Gedanken macht, wird nach dem Gesetz der Resonanz automatisch zu einem Empfänger für dieselbe Schwingungsfrequenz. Wer also stets positiv und wohlwollend über andere und über sich selbst denkt, trägt dazu bei, dass er immer weniger zu einem Empfänger für die negativen Schwingungen wird, die andere Menschen ausstrahlen.

Der beste Schutz vor negativen Gedanken besteht also darin, konsequent positiv über sich selbst und andere zu denken. Das Gesetz der Resonanz wirkt auf der spirituellen Ebene so, dass sowohl negative als auch positive Gedanken Schwingungen erzeugen, die sich hochschaukeln und verstärken, wenn sie auf gleiche Schwingungen treffen. Wenn sich also positiv gestimmte Menschen begegnen, wird es sehr schnell zu einer positiven Atmosphäre kommen.

Treffen sich Menschen mit negativer Ausstrahlung, wird bald eine Atmosphäre vorherrschen, in der einer den anderen kaum mehr ertragen kann. Man sagt dann auch: »Die können sich nicht riechen.« Damit wird eigentlich unbewusst genau das ausgesprochen, was sich auf der spirituellen Ebene abspielt. Keiner kann die Schwingung des anderen ertragen. Weil sich dies alles auf der unsichtbaren Ebene abspielt – zumindest für den, der spirituelle Energien nicht visuell wahrnimmt –, verwendet man den Vergleich des Riechens, da ja der Geruch gleichfalls für das Auge nicht wahrnehmbar ist.

Wahrnehmung von atmosphärischen Stimmungen

Nur das ist wahr, was fruchtbar sich erweist.
Johann Wolfgang von Goethe

Gedanken und Emotionen, die sich auf einen bestimmten Raum oder bestimmte Räumlichkeiten, wie Wohnung, Arbeitszimmer etc., konzentrieren, haben eine ganz bestimmte Wirkung auf die Menschen, die sich dort ständig aufhalten. Diese atmosphärische Schwingung kann sich auch auf die dort befindlichen Dinge übertragen und auch dann noch fortbestehen, wenn die Personen, von denen diese Schwingungen ausgegangen sind, bereits verstorben sind. Der Mensch wird durch diese Atmosphäre positiv oder negativ beeinflusst. Wer sich selbst genau beobachtet, wird bemerken, dass sich die Stimmung oft rasch ändert, wenn man einen anderen Raum betritt oder mit anderen Menschen zusammenkommt.

Dies ist auch der Grund, warum alte Leute ungern in ein Heim für alte und pflegebedürftige Menschen gehen. Ähnlich verhält es sich mit Krankenhäusern. Wer in eine Intensivstation kommt, muss schon eine sehr gute Kondition haben, um in dieser Atmosphäre von Krankheiten wieder genesen zu können. Viele Menschen nehmen diese von der Medizin kaum beachteten und erkannten Phänomene wahr und versuchen so rasch wie möglich aus dem

Krankenhaus herauszukommen. Besonders schlimm sind die ganz großen Krankenhäuser. Sie stellen spirituell gesehen eine besonders intensive Konzentration krankheitserregender Schwingungen dar. Die Patienten nehmen dies meistens unbewusst, intuitiv wahr.

Von einer rein materialistischen Weltanschauung her ist dieses Empfinden vollkommen unverständlich. Die Patienten werden mit den besten medizinischen Geräten behandelt. Dass es trotzdem mit der Genesung nicht rascher vorangeht, ist für die reinen Materialisten unverständlich. Vermutlich meinen sie, die Menschen seien noch nicht reif, um die Vorzüge einer solchen Pflege richtig zu schätzen.

Aus spiritueller Sicht ist natürlich vollkommen klar, dass ein Patient in erster Linie eine liebevolle, wohlwollende Atmosphäre benötigt, will man seine Genesung positiv beeinflussen. Kritische Mediziner haben zumindest erkannt, dass eine Behandlung, die eine positive Zuwendung beinhaltet, viel zum Wohle der Patienten beiträgt.

Die Diskussion um eine ganzheitlich orientierte Medizin beinhaltet viele spirituelle Ansätze, die von den Menschen zwar intuitiv verstanden werden, doch sie können sie sprachlich noch nicht artikulieren. Darum wird der Diskurs um ganzheitliche Medizin auch meistens auf den unterschiedlichsten geistigen Ebenen ausgetragen. Keiner nennt die Dinge wirklich beim Namen und vieles können sich die Gesprächspartner gegenseitig nicht verständlich machen.

Wenn die spirituelle Natur des Menschen einmal vollständig erkannt worden ist und diese Erkenntnis bei der Planung von Pflegeinstitutionen, wie sie Spitäler darstellen, angewandt wird, werden diese ganz anders ausschauen. Man wird dann auf Dinge Wert legen, die bisher vollkommen unbeachtet blieben. Eines kann man aber ganz sicher sagen: Eine spirituell orientierte medizinische Betreuung wird in viel stärkerem Ausmaß als bisher die emotionale

Betreuung mit einschließen und ihr einen ganz neuen Stellenwert einräumen. Man muss sich nur einmal vorstellen, welche Wirkung ein zänkisches Pflegepersonal und rivalisierende Ärzte in einem Krankenhaus auf die Genesung der Patienten haben.

Wenn Sie sich völlig entspannen, sich auf ihr Herz-Chakra konzentrieren und so ganz bewusst einen Raum betreten, können Sie lernen, die dort herrschende emotionale und mentale Atmosphäre auch bewusst wahrzunehmen. Unbewusst wird diese Atmosphäre sowieso wahrgenommen. Werden Sie beispielsweise überschwänglich freundlich begrüßt, haben dabei aber trotzdem ein schlechtes Gefühl, so ist dies fast immer ein verlässlicher Hinweis darauf, dass die gezeigte Freundlichkeit von anderen emotionalen und mentalen Schwingungen begleitet wird. Sie fühlen sich in solchen Situationen meist unsicher, da Sie eigentlich widersprüchliche Informationen verarbeiten müssen und sich nicht klar entscheiden können, welchen Informationen Sie mehr Vertrauen schenken sollen, den bewusst wahrgenommenen oder den intuitiv, unbewusst wahrgenommenen.

Sie können nun Ihr Unterbewusstsein suggestiv so beeinflussen, dass Sie sich sagen: »Auch diese emotionalen und mentalen Schwingungen will ich möglichst bewusst wahrnehmen und diesen Wahrnehmungen Vertrauen schenken.« Mit ein Grund, warum diese Art der Wahrnehmung bei vielen Menschen wenig entwickelt zu sein scheint, ist der, dass sie ihr Unterbewusstsein dahingehend programmiert haben, solchen Gefühlen nicht zu trauen, weil sie sie für nicht verlässlich halten. Wenn ihr intuitives Wahrnehmungsvermögen von ihrem Verstand jahrelang in dieser Art geleitet wurde, wird es sich, bildlich gesprochen, nicht mehr »bemühen«, diese intuitiven Informationen an das Bewusstsein weiterzugeben.

Auf nicht unähnliche Weise wirkt auch die Werbung. Werbebotschaften sind meistens so verfasst, dass sie sich immer nur an das

Unterbewusstsein richten, dieses beeinflusst dann Ihre Vorstellungen und schließlich auch Ihre Entscheidungen.

Wenn Sie durch fleißiges Üben gelernt haben, atmosphärische Schwingungen bewusst wahrzunehmen, d.h., diese intuitive Wahrnehmung so zu akzeptieren, dass sie in Ihr Bewusstsein eindringen kann, können Sie auch ganz bewusst darauf reagieren. Handelt es sich beispielsweise um negative Schwingungen, können Sie diese viel besser verarbeiten und auf sie reagieren, wenn Sie sie bewusst wahrgenommen haben. Dadurch können Sie verhindern, dass Ihre Gefühls- und Vorstellungswelt von ungünstigen Schwingungen beeinflusst wird, ohne dass Ihr Bewusstsein eine Chance erhält, auch mit dem Verstand darauf zu reagieren.

Diese atmosphärische Wahrnehmung ist für den erkrankten Menschen sehr wichtig. Hat er sich nämlich in einem Raum sehr oft aufgehalten und sich dabei gedacht: »Mir geht es schlecht, alles ist schrecklich, warum muss ich nur immer so krank sein, ich werde ja nie mehr gesund«, so sollte er diesen Raum und seine Energiefelder auf jeden Fall meiden. Das Unterbewusstsein nimmt solche Schwingungen wahr, die in der Vergangenheit aufgebaut wurden – ganz besonders, wenn sie von der eigenen Person stammen, – und schon entfalten sie wieder ihre Kräfte in uns.

Um gegen solche Gedankenschwingungen immun zu werden, ist es jedoch notwendig, seinen Charakter so weit zu läutern, dass der eigene spirituelle Körper keine Resonanz mehr für solche Schwingungen bietet.

Eine Hilfe, um solche Energiestörungen und Energieblockaden im spirituellen Körper besser zu erkennen und sich bewusst zu machen, kann auch die richtige Atmung sein, wie sie im nächsten Kapitel behandelt wird. Atmung kann Ängste reduzieren oder ganz ausschalten. Das Lösen von Ängsten stärkt unser feinstoffliches Energiesystem.

6. Atmung und Meditation

Atmung ist Leben und Weisheit.
Indische Weisheit

Die »Vollständige Atmung«, auch als Yogi-Atmung bekannt, kann sowohl als einfache Atemübung als auch in Kombination mit einer Meditation durchgeführt werden. Diese »Yogi Atmung« kann nach einiger Übung zur normalen Atmung für den Alltag werden.

Alles, was Sie für diese Yogi-Atmung brauchen, haben Sie stets bei sich, sodass Sie sie in jeder Situation üben können.

Setzen Sie sich bequem auf einen Stuhl, legen Sie Ihre rechte Hand unmittelbar unterhalb des Solarplexus auf den Bauch und konzentrieren Sie sich auf Ihre Atmung. Atmen Sie ganz ruhig und gelassen tief ein und aus und machen Sie zwischen dem Einatmen und dem Ausatmen keine Pause.

Atmen Sie täglich morgens und abends 20 Mal 11 Sekunden ein und 4 Sekunden aus und stellen Sie sich dabei vor, dass Sie Ihre Aura mit Gesundheit und Erfolg aufladen.

Stärken Sie Ihre Aura

Sie können auch durch Ihren täglichen Lebensrhythmus einiges dazu beitragen, eine starke Aura zu bekommen: Sorgen Sie für ausreichend und möglichst tiefen Schlaf, frische und natürliche Nahrung – nicht zu viel Fleisch, möglichst kein Schweinefleisch und keinen Zucker –, für tägliche geistige Fitness, dafür, Gelassenheit und Ruhe zu bewahren, dankbar für das Leben zu sein; umgeben Sie sich mit lebensfrohen, freudigen und positiven Menschen, helfen Sie anderen Menschen, positiver zu werden, und strahlen Sie Licht und Liebe aus; umgeben Sie sich mit einer Aura von Licht und Liebe und Sie werden schon nach einigen Wochen merken, welch positive

Wirkung dadurch erzielt werden kann; tragen Sie stets frisch gewaschene und gereinigte Kleidung, eher hell als dunkel; verwenden Sie helle Bettwäsche und wechseln Sie diese öfters.

Um eine starke Aura zu bekommen, haben sich außerdem die nachfolgend angeführten Verhaltensweisen als sinnvoll erwiesen:

- Konzentrieren Sie sich auf Ihre eigenen höheren Energien und auf Ihr eigenes höheres Selbst.

- Wenn Sie sich Fragen stellen über Ihre Gesundheit, dann konzentrieren Sie sich auf Ihren inneren Arzt.

- Versuchen Sie sich nicht in die Dinge anderer Menschen einzumischen, es sei denn, Sie werden darum gebeten.

- Tun Sie möglichst alles, was Ihre natürlichen Widerstandskräfte stärkt. Gehen Sie möglichst oft an die frische Luft und genießen Sie die Natur. Atmen Sie leicht und frei!

- Meditieren Sie regelmäßig. Machen Sie täglich Vorstellungsübungen! Lernen Sie, das Leben bewusst als Meditation zu betrachten!

- Fühlen Sie sich sicher, wohl und klar, handeln und denken Sie ethisch und Sie werden das sein, was Sie denken und fühlen.

- Lassen Sie bewusst los, was nicht mehr zu Ihrem Leben gehört.

- Seien Sie offen für die intuitiven Botschaften, um ein erfülltes Leben zu genießen.

Die verschiedenen Vorstellungsübungen können Sie in Ihre täglichen Atemübungen einschließen, indem Sie sich vorstellen, wie Sie Sicherheit vor Krankheit und negativen Gedanken und Gefühlen einatmen, Ihre Aura damit stärken und negative Gedanken, Gefühle und Krankheit ausatmen. Hüten Sie sich aber vor Gedanken wie: »Heute geht es mir aber wirklich nicht gut« oder »Was ist denn nun schon wieder mit mir los, ich werde doch schon wieder krank, das spüre ich ganz genau«. Solche negativen Gedanken und Gefühle müssen Sie vollkommen aus Ihrer Gedanken- und Vorstellungswelt verbannen.

Unter den Menschen mit telepathischer Begabung gibt es einige, die glauben, diese Fähigkeit berechtige sie dazu, mit ihren Gedanken in die Privatsphäre anderer Menschen einzudringen. Niemand von diesen Menschen käme allerdings auf die Idee, ungefragt in ein fremdes Haus oder in eine fremde Wohnung einzudringen. Sie würden es auch verbieten, wenn so etwas ein anderer bei ihnen versuchen würde. Aber wenn es um unsichtbare Gedanken geht, verlieren manche ihr angeborenes Anstandsgefühl und interessieren sich für das, was andere Menschen denken, oder sie versuchen, ihnen Gedanken zu schicken, zum Beispiel kleine Ärgernisse oder eine Aufforderung wie »Drehen Sie sich nach mir um« oder Ähnliches.

Wer solche Gedankenexperimente macht, dem sieht man dies auch in seiner Aura an, und da die meisten Menschen das unbewusst erkennen, meiden sie solche Menschen. Durch so ein taktloses Verhalten isolieren sich diese Menschen und schwächen auch ihre Aura.

Mentales Fitness-Programm

Damit Sie Ihre meditativen Fähigkeiten gezielt entwickeln, gleichzeitig Ihre Fähigkeiten verbessern und lernen, mit den feinstofflichen, spirituellen Energien in Ihrem Körper besser umzugehen, sollten Sie sich ein mentales Fitnessprogramm zurechtlegen. Diese Übungen steigern einerseits Ihre Entspannungsfähigkeit und gleichzeitig lernen Sie, spirituelle Energie zu lenken und zu leiten.

Bei diesen Übungen ist es ganz wichtig zu lernen, die verschiedenen Energien in den Chakren bewusst wahrzunehmen und zu steuern. Ein guter Energiefluss der Chakren ist nämlich eine unabdingbare Voraussetzung dafür, diese Energieströme für Heilzwecke einzusetzen.

Die Wurzel-Chakra-Meditation

Die Lösung von niedrigen Energien
ermöglicht das Wachstum in die Höhe.
Gerhard Paul Lazar

Das erste Chakra, das Wurzel-Chakra, liegt am unteren Ende der Wirbelsäule. Durch dieses Chakra werden feinstoffliche Energien von der Erde, aber auch aus dem Kosmos aufgenommen. Durch dieses Chakra fließen die Energien, die Erdverbundenheit, Festigkeit und Standhaftigkeit symbolisieren und diese Eigenschaften fördern. Darüber hinaus ist dieses Chakra für Ihre spirituelle Entwicklung von großer Bedeutung, da das Wurzel-Chakra der Sitz der Kundalini-Kraft ist, die, wenn sie aktiviert wird, eine integrative Funktion in den Beziehungen der Chakren untereinander erfüllt.

Bei der Wurzel-Chakra-Meditation sollen Sie vor allem die emotionale und mentale Schwingung dieses Chakras wahrnehmen und aktivieren lernen.

Setzen Sie sich bequem auf einen Stuhl. Wo Sie sich gerade befinden, ist nicht so wichtig. Sie können alle diese Meditationen während einer Fahrt mit einem öffentlichen Verkehrsmittel, in der Bahn, im Bus oder im Flugzeug genauso gut durchführen wie bei einem Kaffeehausbesuch, in einem Wartezimmer oder während einer Arbeitspause im Büro. Wichtig ist nur, dass Sie sich fünf bis zehn Minuten lang ungestört auf Ihren Atem bzw. Ihr Chakra konzentrieren können. Wenn Sie genug Zeit haben, ist natürlich ein ungestörter Platz in Ihrer Wohnung den oben genannten Orten vorzuziehen, dies gilt ganz besonders am Anfang, solange diese Übungen für Sie noch ungewohnt sind.

Bei der Wurzel-Chakra-Meditation sitzen Sie ganz ruhig und bequem und konzentrieren sich auf Ihren Atem. Sie atmen ganz tief ein und aus, ohne dabei eine Atempause einzulegen. Ihr Rücken sollte dabei möglichst durchgestreckt sein.

Beim Einatmen spüren Sie, wie die Luft und das mit eingeatmete Prana, die kosmische Lebensenergie, nicht nur die Lunge füllen, sondern bis hinunter zum Wurzel-Chakra gehen. Sie spüren, wie durch das Ein- und Ausatmen dieses Chakra zu vibrieren beginnt. Sie spüren, wie es sich aktiviert, und nehmen diese Energie wahr. Dann lassen Sie sich mit Ihrem Bewusstsein bis ganz an die Basis der Wirbelsäule hinuntergleiten, bis Sie sich vollkommen in diesem Chakra befinden.

Während Sie ganz in diesem Wurzel-Chakra zentriert sind, werden Sie vielleicht tief greifende Veränderungen in Ihrem Bewusstsein bemerken. Bei manchen werden bildhafte Vorstellungen mit betont erdverbundenen Gefühlen auftauchen. Diese Vorstellungen können sich auf Partnerschaft, Gefühle der Sicherheit und Geborgenheit beziehen. Sie werden aber fast immer von den Dingen geprägt sein, die Ihnen besonders wichtig erscheinen und Ihnen Selbstvertrauen im Umgang mit anderen Menschen verleihen. Bei Sportlern können das sportliche Erfolge sein. Es kann sich um Besitz und ähnliche materielle Statussymbole handeln.

Nachdem Sie diese Meditation fünf bis zehn Minuten durchgeführt haben, sagen Sie sich jedes Mal: »Wenn ich diese Meditation durchführe, geht es mir besser und besser und ich kann die Energien dieses Chakras immer besser erkennen und mit ihnen umgehen.« Anschließend machen Sie fünf tiefe Atemzüge und stellen sich vor, wie Sie wieder ganz in Ihr Tagesbewusstsein zurückkehren.

Nehmen Sie sich möglichst regelmäßig Zeit für diese Meditation. Nachdem Sie diese Meditation einige Male praktiziert haben, werden Sie die vielfältigen, erdverbundenen Beziehungen und Wesensmerkmale Ihres Charakters erkennen lernen und ein wesentlich besseres und umfassenderes Bild von sich selbst erhalten.

Das Wurzel-Chakra ist das feinstoffliche Herz. Es ist maßgeblich an der feinstofflichen Energieverteilung beteiligt und beeinflusst auch das menschliche Immunsystem. Störungen in diesem Chakra sind verantwortlich für Unsicherheit, Labilität, Krankheiten in den Beinen, im Beckenbereich und am Ursprung der Wirbelsäule. Über- oder Unterfunktion sind auch verantwortlich für übertriebene Lebensängste.

Wenn Sie die Wurzel-Chakra-Meditation regelmäßig durchführen, werden sich viele vorhandene Spannungen und Blockaden wie von selbst lösen und Ihr körperliches und geistiges Wohlbefinden wird sich steigern. Sie werden deutlich an Selbstsicherheit gewinnen, und zwar ganz spontan und ohne Anstrengung.

Die Sexual-Chakra-Meditation

Erfülle deinen Geist
mit Freude und Harmonie
und deine unteren Bedürfnisse
werden sublimiert.
Alice A. Bailey

Im Sexual-Chakra haben die Energien ihren Sitz, die beim Mann die Männlichkeit und bei der Frau die Weiblichkeit prägen. In diesem Chakra sind jedoch auch die Kreativität und die Ästhetik beheimatet. Dieses Chakra weist bei vielen Menschen Blockaden auf, die entweder aus der Kindheit stammen oder sich in der Pubertät gebildet haben. Alle Tabus finden sich hier als Energieblockaden wieder, die die Energie im feinstofflichen Körper daran hindern, frei fließen zu können.

Dieses Chakra liegt dicht über den Geschlechtsorganen und ist bei den meisten Menschen aktiv und mit mehr oder weniger ausgeprägten Energieblockaden behaftet. Wer seine Identität als Mann oder Frau nicht richtig entfaltet, weist in diesem Chakra Energiestörungen auf, die sich teilweise auf benachbarte Chakren übertragen.

Eine Energieblockade bewirkt jedoch nie ein vollständiges Versiegen des Energiestromes, sondern es werden meistens nur bestimmte Energiefrequenzen eines speziellen Chakras gestört. Vielfach bewirkt eine Störung – dies gilt ganz besonders für das Sexual-Chakra – auch nur eine Frequenzmanipulation einer bestimmten Schwingung. Eine solche Frequenzveränderung kann beispielsweise Ausdruck eines ungezügelten, gierigen, besitzergreifenden Sexualverhaltens sein, während ein stark auf Liebesresonanz aufbauendes Sexualverhalten deutlich kräftige und harmonische Schwingungen zeigt. Diese Schwingungsmuster beeinflussen auch das Verhalten gegenüber anderen Menschen sowie das gesamte Auftreten in der Öffentlichkeit.

Wer Schwierigkeiten im Umgang mit dem anderen Geschlecht hat, wem es schwer fällt, Sympathie als Mann oder Frau zu erwecken, der wird die Ursachen jeweils in solchen Frequenzveränderungen im Bereich des Sexual-Chakras finden. Da dieses Chakra bei fast allen Menschen geöffnet und aktiv ist, ist auch die Wahrnehmungsfähigkeit für Ausstrahlungen dieses Chakras überdurchschnittlich entwickelt. Interessant ist in diesem Zusammenhang, dass Menschen, die ihr Sexualpotenzial nicht voll ausnützen, meist eine sexuell ansprechendere Ausstrahlung besitzen als die, die Sexualität unterdrücken oder zu stark ausleben. Man sollte es so lange genießen, wie der Appetit vorhält, ohne sich zu übersättigen.

Die Meditation

- Suchen Sie sich einen bequemen Platz, an dem Sie ungestört sind, und nehmen Sie eine Ihnen angenehme Haltung ein, bei der der Rücken durchgestreckt ist.

- Schließen Sie die Augen und atmen Sie tief und fest durch die Nase ein und aus, ohne zwischen dem Ein- und Ausatmen eine Pause zu machen.

- Entspannen Sie Ihren Körper und konzentrieren Sie sich ganz auf Ihren Atem.

- Nach einigen Minuten richten Sie Ihre Aufmerksamkeit auf das Sexual-Chakra und atmen nun tief und kräftig durch dieses Chakra aus und ein.

- Fühlen Sie, wie bei jedem Einatmen die Energie in diesem Chakra zunimmt.

- Während die Energie in diesem Chakra immer konzentrierter wird, visualisieren Sie eine Lichtkugel und spüren Sie, wie sie immer heller wird und intensiver strahlt.

- Jetzt verlagern Sie Ihr Bewusstsein in diese Lichtkugel, werden selbst zu diesem Energieball und spüren, wie die Energie dieses Chakras den ganzen Körper durchstrahlt.

- Fühlen Sie, wie Sie mit all Ihren unterschiedlichsten Wesenszügen eins werden und Sie ganz dieses Bewusstsein sind.

- Beobachten Sie, wie Sie sich körperlich, geistig und emotional fühlen.

- Nehmen Sie sich mindestens zehn bis fünfzehn Minuten Zeit für diesen Teil, insbesondere, wenn Sie diese Meditation noch nicht lange praktizieren.

- Bevor Sie die Meditation beenden, stellen Sie sich mental vor: »Jedes Mal, wenn ich diese Bewusstseinsschwingung erreiche, kann ich mich besser auf sie einstellen.«

- Lösen Sie nun Ihren Energieball auf, indem Sie die Energie durch das Sexual-Chakra freisetzen.

- Gehen Sie nun wieder zu Ihrer normalen Atmung über, zählen Sie bis fünf und öffnen Sie dann die Augen. Sie fühlen sich nun wieder ganz frisch, munter und entspannt.

Die Solarplexus-Meditation

Wenn du dich an deinen schönen Gefühlen freust,
lösen sich deine negativen Gefühle,
Glück und Harmonie sind die Folge.

Durch die Solarplexus-Meditation haben Sie Gelegenheit, Ihre Erfahrung über die bewusste Wahrnehmung hinaus zu erweitern. Sie treten dabei mit Ihrem spirituellen Selbst in Verbindung, das Ihnen ermöglicht, mit anderen Menschen eine tiefere Beziehung einzugehen. Durch die bewusste Verbindung mit den Energien dieses Chakras können Sie egoistische Bestrebungen überwinden und ganzheitlich orientierte Lebenseinstellungen entwickeln. Das Nabel-Chakra, das oft auch als Sonnengeflecht bezeichnet wird, ist der Sitz des Gefühlszentrums. Zwischenmenschliche Beziehungen, die überwiegend durch Gefühle bestimmt sind, sowie Sympathie und Antipathie werden von diesem Zentrum aus gesteuert. Vertrauen, das auf Gefühlen basiert, alle Gemütsbewegungen wie Liebe, Schmerz, Angst, Wut und Zufriedenheit etc. entstehen schwingungsmäßig im Sonnengeflecht.

Liebe erzeugt beispielsweise weiche, lang gezogene Schwingungen, Wut dagegen kurze, gezackte Wellen. Viele Schwingungen, die psychische Probleme entstehen lassen, kommen aus diesem Gefühlszentrum. Die bewusste Wahrnehmung dieser Schwingungen ist daher sowohl für die Diagnose als auch für die Heilung besonders wichtig.

Alle Schwingungen im Sonnengeflecht wirken sich prägend auf den Charakter, auf die Persönlichkeit und deren Erscheinung aus. Störungen im Energiekreislauf des Sonnengeflechts führen dazu, dass der Betroffene in seiner Persönlichkeit geschwächt und in seiner Selbstentfaltung behindert ist.

Zu Beginn der Solarplexus-Meditation nehmen Sie eine bequeme Stellung ein, achten darauf, dass der Rücken durchgestreckt bleibt, schließen die Augen und atmen ganz ruhig tief und kräftig durch. Sie atmen durch die Nase und machen zwischen dem Ein- und Ausatmen keine Pausen. Nach einigen Minuten Einschwingung richten Sie Ihre mentale Aufmerksamkeit auf Ihr drittes Chakra. Nun stellen Sie sich vor, wie Sie durch dieses Chakra, es liegt etwas oberhalb des Nabels und unterhalb der Brustrippen, tief und gleichmäßig ein- und ausatmen. Beim Einatmen spüren Sie, wie die Energie in diesem Chakra intensiver wird, und nach einigen Atemzügen fühlen Sie ein leichtes Vibrieren. Sie stellen sich nun vor, wie diese Energie sich in Ihrem Körper auszubreiten beginnt. Sie nehmen diese Ausstrahlung als wohlige Wärme wahr und spüren eine emotionale Entspannung in Ihrem ganzen Körper. Wenn Sie diese Meditation beendet haben, sagen Sie sich jedes Mal: »Immer wenn ich diese Meditation durchführe, lerne ich, meinen Geist kreativer zu gebrauchen und kann mich auf diese Energien viel besser einstellen.«

Versuchen Sie während der Meditation, die Energien dieses Chakras ganz bewusst wahrzunehmen, und achten Sie darauf, ob Sie Energieblockaden entdecken. Sie äußern sich als energetische »Kältezonen«.

Um solche Energieblockaden zu lokalisieren, können Sie vor und nach der Meditation mit Ihrer rechten Hand in einer Entfernung von 10 bis 15 cm durch »Abtasten« die energetische Intensität überprüfen. Sie werden merken, dass nach einiger Übung die Energie in diesem Chakra nach der Meditation wesentlich gleichmäßiger und intensiver ist. Sie werden schon nach wenigen Wochen bemerken, dass Ihre Zufriedenheit und Ausgeglichenheit sowie Ihre Fähigkeit zu harmonischem Denken und Fühlen deutlich zunehmen.

Andererseits werden Sie aber auch die Erfahrung machen, dass Sie Energien, die auf Sie einen störenden Einfluss ausüben, viel früher und viel intensiver bemerken. Dies lässt den falschen Schluss zu, dass Sie auf Grund der Meditation nun mehr negative Gedanken haben. Richtig ist jedoch das Gegenteil: dass Sie nämlich sensibler geworden sind und sich Ihr energetisches Wahrnehmungsvermögen gesteigert hat. Diese gesteigerte energetische Sensibilität ist eine wichtige Voraussetzung für die feinstoffliche Krankheitsdiagnose.

Die Herz-Chakra-Meditation

Gib dich nur der Liebe hin,
Liebe ist das Gefühl,
das dich in deinem Leben
am glücklichsten macht.
Wolfgang Pumpernig

Das Herz-Chakra, das vierte geistige Zentrum, bestimmt die allgemeine menschliche Lebenseinstellung. Es kontrolliert den Gefühlsbereich. Je nach Entwicklungsstadium strahlt es egoistische bis selbstlose Liebe aus. Ist die spirituelle Entwicklung bereits einigermaßen fortgeschritten, bringt es Wärme, Mitmenschlichkeit und Vertrauen zum Ausdruck. Dadurch öffnet es die Herzen der anderen Menschen. Durch das Herz-Chakra können wir die Ausstrahlung der anderen Menschen besonders gut wahrnehmen und auch erkennen, ob ihre gezeigten Gefühle und ihre geäußerten Gedanken echt und ehrlich gemeint sind. Ist das Herz-Chakra blockiert, fühlen Sie sich sehr leicht verfolgt und sind voller Selbstmitleid.

Der Theosoph C.W. Leadbeater schreibt: »Die Erweckung des vierten Zentrums verlieh dem Menschen die Fähigkeit, die Schwingungen anderer astraler Wesenheiten so weit zu erfassen und mit ihnen zu empfinden, dass er ihre Gefühle wenigstens zum Teil instinktiv verstehen konnte.« Je weiter das Herz-Chakra geöffnet ist, umso leichter können wir die Ausstrahlung anderer Menschen, aber auch die atmosphärische Strahlung sowie die Energiefelder, die Gegenstände umgeben, wahrnehmen.

Ein geöffnetes Herz-Chakra verstärkt auch die Fähigkeit, die Energiefelder anderer Menschen positiv zu beeinflussen. Dies ist besonders für die Chakrenheilung von außerordentlicher Bedeutung.

Die Thymusdrüse, die direkt oberhalb des Herz-Chakras liegt, ist von zentraler Bedeutung für das Immunsystem des Menschen. Eine Blockierung des Herz-Chakras ist dementsprechend stets mit einer negativen Auswirkung auf das Immunsystem verbunden. Das Herz-Chakra beeinflusst die Qualität von Freude, Schmerz, Wut, Angst und Zorn. Besonders drastisch sind die Folgen, wenn negative Emotionen blockiert werden, da diese dann nicht nach außen verpuffen können, sondern sich ständig reproduzieren und immer mehr Energie für ihre Unterdrückung aufgewendet werden muss. Der freie Fluss der Energie ist auf jeden Fall wichtig.

Menschen mit einer Herz-Chakra-Unterfunktion sind anderen gegenüber gehemmt, haben hängende Schultern und vermeiden es, dem anderen direkt und offen in die Augen zu sehen. Ihr Blick ist meistens zu Boden gerichtet. Solche Menschen leiden unter mangelnder Sensibilität, sind meistens taktlos, ohne es zu bemerken, und zeichnen sich durch Kontaktarmut aus.

Durch die Herz-Chakra-Meditation lassen sich insbesondere partnerschaftliche Probleme besonders gut behandeln und lösen. Bei der Chakrenheilung wirken insbesondere das Herz-Chakra und das Stirn-Chakra zusammen. Da das Herz-Chakra sozusagen die Schaltstelle für die Energien ist, die zwischen dem feinstofflichen und dem physischen Körper ausgetauscht werden, sind Blockaden und Ungleichgewichte in diesem Chakra besonders nachteilig.

Zur Herz-Chakra-Meditation suchen Sie sich einen bequemen Platz, an dem Sie Ihren Rücken durchstrecken können. Schließen Sie die Augen und atmen Sie ganz tief und fest gleichmäßig ein und aus. Machen Sie zwischen dem Ein- und Ausatmen keine Pausen. Entspannen Sie Ihren ganzen Körper, lassen Sie los von all Ihren Sorgen, Ängsten und sonstigen Gedanken und Gefühlen. Fühlen Sie, wie Sie ganz im Hier und Jetzt sind. Konzentrieren Sie sich ganz auf Ihren Atem und spüren Sie, wie sich der Emotional- und Mentalkörper völlig beruhigen und Sie ganz frei von Gedanken und Gefühlen sind. Nach einigen Minuten verlagern Sie Ihre Aufmerksamkeit auf das Herz-Chakra. Nun atmen Sie durch das Herz-Chakra ein und aus. Mit jedem Atemzug spüren Sie, wie die Energie in diesem Chakra zunimmt. Sie visualisieren nun eine Energiekugel, die mit Liebe gefüllt ist, und verlagern Ihr Bewusstsein in diese Energiekugel. Sie spüren nun, wie Sie mit dem transzendenten Allbewusstsein, der göttlichen Liebe, verbunden sind. Sie fühlen, wie diese Energie der bedingungslosen Liebe von Ihrem Herz-Chakra auf den ganzen Körper ausstrahlt und jede Zelle mit dieser Energie durchtränkt.

Während dieser Energiestrom der Liebe aus Ihrem Herz-Chakra ausstrahlt, lenken Sie Ihre Konzentration auf Ihr drittes Auge und versuchen, von dort aus die Energie der Liebe in die verschiedenen Körperregionen zu verteilen.

Diese Liebesenergien haben eine heilende Wirkung auf Menschen, Tiere und Pflanzen. Sie können nun schon beginnen, diese Energie in Ihre Augen zu schicken. Wenn Ihre Augen von ihr durchtränkt werden, bekommen Sie einen viel klareren und liebevolleren Blick. Senden Sie diese Liebesenergie auch Ihren Ohren, Ihrer Nase, dem Geruchssinn und Ihrem Verstand. So werden Sie automatisch verstärkt positive Dinge sehen, hören, riechen und schließlich auch denken und fühlen.

Nehmen Sie sich für die Herz-Chakra-Meditation jeweils mindestens zehn, besser jedoch fünfzehn Minuten Zeit. Danach atmen Sie ganz tief durch und wiederholen in Gedanken die Affirmation: »Jedes Mal, wenn ich die Herz-Chakra-Meditation durchführe, erhöht sich die Qualität der Energien, die durch dieses Chakra fließen. Ich öffne mich immer mehr und immer leichter dieser bedingungslosen Liebe und gebe ihr in meinem Leben einen immer größeren Aktionsradius.« Dann gehen Sie wieder zur normalen Atmung über, zählen bis fünf und sind wieder ganz frisch und munter.
Diese Übungen können Sie sich mit einem entsprechenden Text auch auf ein Tonband sprechen und sich dabei einen genauen Zeitplan vorgeben. Am Anfang jeder neuen schöpferischen Arbeit steht die mangelnde Übung und Ausdauer dem raschen Erfolg entgegen. Wenn man dies jedoch von Anfang an berücksichtigt, kann man diese Hürde leichter überwinden.

Die Hals-Chakra-Meditation

Mut und Ausdauer
sind gedankliche Energien,
die wir neben Liebe und Lebensfreude
verwirklichen sollten.
Keith Sherwood

Das Hals-Chakra, auch Kehlkopf- oder Kommunikationszentrum genannt, erstreckt sich vom Halsansatz bis zum Adamsapfel. Die Aktivierung des Herz-Chakras führt zu einer bewussteren Wahrnehmung der Astralsphäre, die Aktivierung des fünften Chakras, des Hals-Chakras, öffnet den Zugang zur Mentalsphäre und führt dazu, dass die inneren feinstofflichen Welten mit mehr Verständnis und innerer Bereitschaft wahrgenommen werden. Ist das Herz-Chakra Mittler zwischen der feinstofflichen und der physischen Welt, so ist das Hals-Chakra das Tor, das den Eintritt in die feinstoffliche, spirituelle Welt mit der ihr eigenen Realität ermöglicht.

Das Hals-Chakra beeinflusst die Fähigkeit des Menschen, sich auszudrücken, die sprachliche und kommunikative Dimension seines Wesens sowie die entsprechende Artikulation. Eine Blockierung dieses Chakras äußert sich in einer eindimensionalen Kommunikationsstruktur, einer nur verstandesbetonten oder nur emotionalen Orientierung, in einer unklaren Selbstdarstellung und durch Schwierigkeiten beim Beziehen klarer Standpunkte. Sind die Energieströme durch Schwingungen äußerer Einflüsse gestört, hat der Betreffende das Gefühl, etwas schnüre ihm die Kehle zu, und es kommt dadurch zu Sprechbehinderungen. »Es hat ihm die Sprache verschlagen; da bleibt ihm die Luft weg«, sind umgangssprachliche Redewendungen, die einen äußeren Schock aufgrund feinstofflicher Schwingungen charakterisieren.

Wenn die spirituellen Energien vom Wurzel-Chakra aus bis über das Hals-Chakra emporsteigen, so äußert sich das meistens in persönlicher Integrität und charakterlicher Standfestigkeit. Niedrige Schwingungen wie Wut, Zorn, Angst, Rach- und Vergeltungssucht können, wenn sie durch das Hals-Chakra fließen, in höherwertige Energiefrequenzen wie Freude, Zufriedenheit, Harmonie umgewandelt werden.

Die Aktivierung des Hals-Chakras hat auch eine angstbefreiende Wirkung und führt dazu, dass das spirituelle Selbst stärker in den Vordergrund treten kann. Die Wünsche der Seele beginnen sich zu artikulieren. Wenn das fünfte Chakra verstärkt aktiv wird, ist dies immer eine Zeit der charakterlichen Festigung, aber auch des Umbruchs und der Neuorientierung.

Das Hals-Chakra ist direkt mit dem Genick-Chakra verbunden. In der Literatur wird meist nur von einem einzigen Chakra gesprochen, das sich sowohl nach vorne als auch nach hinten öffnet.

Die Hals-Chakra-Meditation wird Sie verstärkt mit dem Gefühl der Freude in Berührung bringen. Suchen Sie sich wieder einen bequemen Platz, an dem Sie möglichst nicht gestört werden, halten Sie den Rücken gerade und beginnen Sie fest und tief durchzuatmen. Atmen Sie ruhig und tief ein und aus. Machen Sie während des Ein- und Ausatmens keine Pause. Atmen Sie möglichst durch die Nase und entspannen Sie dabei Ihren Körper. Nach einigen Minuten, wenn Sie schon eine deutliche Entspannung spüren und Gedanken und Gefühle ruhen, richten Sie Ihre Aufmerksamkeit auf das Hals-Chakra. Nun atmen Sie durch das Hals-Chakra ein und aus und spüren, wie sich die Energie in diesem Chakra intensiviert. Visualisieren Sie eine Lichtkugel, die Wärme und Harmonie ausstrahlt. Halten Sie diese Vorstellung einige Minuten lang aufrecht, bis Sie das Gefühl haben, Sie sehen sie schon klar vor Ihrem inneren Auge. Dann lassen Sie Ihr Bewusstsein in diese Energiekugel gleiten und spüren, wie es von dieser Energie durchtränkt wird. Fühlen Sie, wie Ihr Wesen furchtlos, edel, mutig, tatkräftig, schaffensfreudig und kreativ wird. Spüren Sie, wie sich Ihr Geist völlig frei und unbehindert fühlt, frei von allen Schranken, Zwängen und seelischen Belastungen.

Für diesen Teil der Meditation sollten Sie sich, vor allem am Anfang, mindestens zehn bis fünfzehn Minuten Zeit nehmen. Nach einiger Übung können Sie die jeweilige Meditation in Ihren täglichen Arbeitsablauf integrieren und auch an anderen Orten durchführen. Zum Abschluss dieser Meditation atmen Sie fünfmal kräftig durch und stellen sich vor, dass Sie wieder ganz in Ihren normalen Bewusstseinszustand zurückkehren und ganz entspannt, frisch und munter sind. Gehen Sie wieder zu Ihrer normalen Atmung über und öffnen Sie Ihre Augen. Sie fühlen sich vollkommen losgelöst von Ihren Problemen und Sorgen, viel besser als zuvor.

Die Stirn-Chakra-Meditation

Je größer die Persönlichkeit,
je freier die Seele.
Japanisches Sprichwort

Das Stirn-Chakra, geistiges oder auch drittes Auge genannt, ist der Sitz der Intuition. Es liegt zwischen den Augenbrauen. Über das dritte Auge werden die Heilenergien bei der Chakrenheilung ausgesandt. Wenn dieses sechste Zentrum aktiviert wird, gelangt der Betreffende in das Stadium, in dem er durch mentale Projektion hellsichtige und telepathische Fähigkeiten entwickelt. Außerdem ist man in der Lage, sich neue Realitäten auf der spirituellen Ebene zu schaffen, die sich dann in der Folge auf der physischen Ebene verwirklichen. Wenn das dritte Auge geöffnet ist, dann verschmelzen Bewusstsein und Unterbewusstsein, und je intensiver Sie im sechsten Chakra zentriert sind, desto vollkommener findet diese Verschmelzung statt.

Das dritte Auge ist direkt mit dem Sehzentrum im weitesten Sinne verbunden. Hier hat nicht nur das physische Sehen mit den Augen seinen Sitz, sondern auch das intuitive Sehen, das Wahrnehmen von Verborgenem, das Hellsehen sowie andere paranormale Seh- und Wahrnehmungsfähigkeiten. Besonders bei der Fernheilung spielt das dritte Auge eine wichtige Rolle, da es die Energien, die vom Herz-Chakra kommen, auf andere Personen übertragen kann.

Die Stirn-Chakra-Meditation ist wirklich ein echtes Geschenk, das viel Freude in das Leben jedes Menschen bringen kann, denn durch dieses Chakra werden die Energien in Freude transformiert. Wenn die Energien durch dieses Chakra zu strömen beginnen, stellen sich sofort Zufriedenheit und Harmonie ein. Dem dritten Auge ist die Hirnanhangdrüse zugeordnet, die vor allem Wachstums- und Stoffwechselprozesse beeinflusst.

Die Meditation:

- Suchen Sie sich einen bequemen Platz, an dem Sie ungestört sind, und nehmen Sie eine Ihnen angenehme Haltung ein, bei der der Rücken durchgestreckt ist.

- Schließen Sie die Augen und atmen Sie tief und fest durch die Nase ein und aus. Machen Sie zwischen dem Ein- und Ausatmen keine Pause.

- Entspannen Sie bewusst Ihren Körper und konzentrieren Sie sich ganz auf Ihren Atem.

- Nach einigen Minuten richten Sie Ihre Aufmerksamkeit auf das dritte Auge zwischen den Augenbrauen und atmen nun tief und kräftig durch dieses Chakra ein und aus.

- Fühlen Sie, wie bei jedem Einatmen die Energie in diesem Chakra zunimmt.

- Während die Energiekonzentration in diesem Chakra immer stärker wird, visualisieren Sie eine Lichtkugel und spüren Sie, wie sie immer heller wird und intensiver strahlt.

- Jetzt verlagern Sie Ihr Bewusstsein in diese Lichtkugel, werden selbst zu diesem Energieball und spüren, wie die Energie dieses Chakras auf den Körper und die Umgebung ausstrahlt.

- Fühlen Sie, wie Sie mit all Ihren unterschiedlichen Wesenszügen eins werden und ganz dieses Bewusstsein sind.

- Beobachten Sie, wie Sie sich körperlich, geistig und emotional fühlen.

Wenn Sie schon sehr stark im dritten Auge zentriert sind, wird die Kluft zwischen Bewusstsein und Unterbewusstsein aufgehoben. In diesem Zustand können auch Bilder aus dem Unterbewusstsein emporsteigen, die oft verdrängte Probleme andeuten. Lassen Sie diese Bilder ruhig an Ihrem geistigen Auge vorbeiziehen. Analysieren Sie sie nie während der Meditation. Solche Bilder sind stark vom jeweiligen »Schwingungszustand« abhängig. Wenn während der Meditation problematische Bilder auftauchen, so deutet dies auch auf einen schlechten gedanklichen Zustand hin. Das erklärt sich aus der Tatsache, dass solche Bilder durch andere Gedanken und feinstoffliche Energien gelöst werden können. Wenn jemand in Ihrer Nähe Ihnen positive Gedanken sendet, werden die negativen Bilder sofort oder zumindest nach einiger Zeit verschwinden – je nachdem, wie stark Sie sie bereits verinnerlicht hatten. Auch feinstoffliche Energien lösen negative Bilder im Unterbewusstsein auf, wie zum Beispiel das homöopathische Arzneimittel Arnika D 200 oder Ignatia D 200 (in diesen Verdünnungen ist Arnika bzw. Ignatia chemisch nicht mehr nachweisbar). Es gibt leider auch Menschen, die versuchen, den anderen während der Meditation zu stören, indem sie ihm negative Bilder schicken, zum Beispiel auch solche von negativen Geistwesen, durch die sie Ängste im meditierenden

Menschen erzeugen wollen. Es sind eifersüchtige Menschen, die noch auf einer sehr niedrigen Entwicklungsstufe stehen. Sie haben meist Interesse an Magie und nehmen sich selbst viel wichtiger als jeden anderen Menschen. Ihnen sollte man besser ausweichen. Aber man braucht keine Angst zu haben, wenn man negative Bilder wahrnimmt. Am besten ist es, man ignoriert sie und geht tiefer in die Meditation, bis man solche Bilder nicht mehr wahrnimmt. »Nur Anfänger der Meditation können durch solche Bilder gestört werden«, berichtet die bekannte englische Esoterikerin Alice A. Bailey in ihrem Buch »Esoterisches Heilen«.

Vielleicht ist Ihnen folgende Erzählung, die ich einmal in einer esoterischen Zeitschrift gelesen habe, eine Hilfe, wenn Sie unter dem Sehen negativer Bilder leiden:

Irmgard, eine 29-jährige Ärztin, besuchte regelmäßig zusammen mit ihrer Freundin Helene eine halb private esoterische Veranstaltung. Die beiden jungen Frauen waren sehr religiös veranlagt, meditierten gerne und waren sehr glücklich, wenn sie in die Gruppe kamen. Beinahe alle Mitglieder der Gruppe verfolgten ähnliche Ziele wie sie: anderen Menschen zu helfen und die Liebe im Leben zu verwirklichen. Eines Tages jedoch erzählte Helene, dass sie eigenartige Bilder wahrnehme, sie glaubte, der Teufel hätte mit ihr gesprochen. Sie wisse sich nicht mehr zu helfen, zwischendurch sehe sie aber auch die Heilige Maria und viele Engel. Helene war über die Visionen ziemlich unglücklich und wurde immer ängstlicher. Irmgard glaubte nicht an diese Dinge, aber trotzdem hätte sie ihrer Freundin gern geholfen und so betete sie für Helene. Als Irmgard eines Tages in ihre Meditationsgruppe ging, um dort zu beten, sah sie durch das hell erleuchtete Fenster einen jungen Mann namens Gerhard R., der auch regelmäßig die Gruppe besuchte, jedoch nicht besonders religiös war und nie etwas über Gott sagte. Der junge Mann stand alleine im Raum, hatte ein Kreuz auf den Boden gelegt und vollzog damit schwarzmagische Rituale. Irmgard war völlig verzweifelt. Sie meinte, dass sie das, was sie gesehen hatte, niemandem erzählen durfte, sonst würde wohl niemand mehr in diesem Raum beten wollen. Aber sie begann, dem jungen Mann nachzuspionieren, denn sie wollte genau wissen, was er machte und woher er kam. Er war ein schwarzer Magier und wollte die religiöse Gruppe nur stören, das konnte Irmgard später herausfinden. Gerhard R. wurde entlarvt und musste seine Sünden gestehen. Auch Helene war zu einem seiner Opfer geworden: Er hatte ihr während der Meditation negative Vorstellungen magisch suggeriert. Chakrenheilungen halfen, Helene innerhalb von zwei Wochen wieder gesund zu machen.

Im Scheitel-Chakra können durch Einstrahlung von lichten Kräften und der Vorstellung, dass die negativen Energiefelder sich lösen, solche Probleme geheilt werden. Davon schreibt auch Keith Sherwood in seinem bekannten Buch über »Die Kunst spirituellen Heilens«. Helenes Geschichte macht deutlich, dass man in solchen Situationen niemals verzweifeln soll. Wichtig ist auch, dass man nicht an Besessenheit und Ähnliches glaubt. Vorstellungen über Teufel, Dämonen u.Ä. kommen immer aus dem Unterbewusstsein. Aus diesem Grund verschreiben auch viele Ärzte in solchen Fällen Tabletten. (Zum Beispiel Calcium, Metaneuron, Aurum-Heel, Vitamin B, Kava Kava, dabei handelt es sich um harmlose homöopathische Mittel.) Wenn Magie mit im Spiel ist, bei der das Sexual-Chakra einbezogen ist, und wenn daher die Energien des Sexual-Chakras in falsche, unbewusste Vorstellungen geleitet werden, so kann man auch mit Acidum nitr. D 100 oder Murex pur. D 200 (jede Stunde 10 Tropfen im Mund zergehen lassen) gute Wirkungen erzielen, wie A. A. Bailey in »Esoterisches Heilen« empfiehlt. (Diese hohen Potenzen erfordern ärztliche Begleitung. – Anm. des Verlags) Diese Arzneien lösen falsche Sexualenergien im Unterbewusstsein. (Wenn man sie einnimmt, sollte an diesen Tagen möglichst auf Sexualität verzichtet werden, um die Stoffe in die richtigen Bahnen lenken zu können.)

- Nehmen Sie sich mindestens zehn bis fünfzehn Minuten für diesen Teil Zeit, insbesondere, wenn Sie diese Meditation noch nicht lange praktizieren.

- Bevor Sie die Meditation beenden, stellen Sie sich mental vor: »Jedes Mal, wenn ich diese Bewusstseinsschwingung erreiche, kann ich mich besser auf sie einstellen«.

- Lösen Sie nun Ihren Energieball auf, indem Sie die Energie durch das sechste Chakra freisetzen.

- Gehen Sie nun wieder zu Ihrer normalen Atmung über, zählen Sie bis fünf und öffnen Sie dann die Augen. Sie fühlen sich nun wieder ganz frisch, munter und entspannt.

Die Scheitel-Chakra-Meditation

Daher sage ich euch:
Was immer ihr ersehnt, wenn ihr betet,
glaubt, dass ihr es schon erhaltet,
und ihr werdet es haben.
Neues Testament

Das Scheitel-Chakra, auch Kronen-Chakra oder »Tausendblättriger Lotus« genannt, ist das siebte Chakra und es befindet sich direkt am Scheitel des Kopfes. Wenn die spirituelle Entwicklung eines Menschen so weit fortgeschritten ist, dass das Scheitel-Chakra sich zu entfalten beginnt, ist die Angst überwunden, die Lebens-/Existenzangst hat dann aufgehört zu wirken. Die Lebensangst, die Angst vor dem Tode, ist wie jede andere Angst eine Energieblockade. Die Energieblockade, die den Menschen von dem universellen Kraftfeld, der Freude, der Liebe, der Harmonie des Vereintseins abschneidet, ist überwunden, wenn der Energiefluss gleichmäßig durch sämtliche sieben Chakren strömt. In diesem Stadium der Entwicklung beginnt sich der Energiekreislauf im Menschen optimal zu entwickeln und die Integration mit den entsprechenden kosmischen Schwingungsebenen schreitet stetig voran. Wenn dieser Energiekreislauf innerhalb des Menschen und die Verbindung zu den entsprechenden Schwingungsbereichen einen bestimmten Qualitätsstandard überschreitet, kommt es zur Umpolung des Scheitel-Chakras. Es entwickelt sich eine so ungeheure Integration mit den Schwingungsebenen im Kosmos und diese Energien strömen so stark in den menschlichen Energiekreislauf hinein, dass sie über das Scheitel-Chakra wieder an die Umgebung abgestrahlt werden.

Die Scheitel-Chakra-Meditation kann den Energiefluss durch die verschiedenen Chakren bis zum Scheitel-Chakra so aktivieren, dass sämtliche Chakren harmonisch ausbalanciert sind. Die Aktivierung des Scheitel-Chakras stellt gewissermaßen die Krönung der geistigen Entwicklung dar. Hier hat das ICH BIN seinen Sitz, das Licht, Liebe, Wahrheit, Frieden und Hoffnung symbolisiert. Es stellt die Verbindung zur Kausalebene her und ist für den Energieaustausch mit dieser Ebene zuständig. Ist dieses Chakra aktiviert, strahlt es Liebe, Heilung und Licht aus, man ist mit allen Kraftfeldern des Universums verbunden und befindet sich mit ihnen im ständigen Energieaustausch.

Die Meditation:

- Suchen Sie sich einen Platz, an dem Sie Ruhe haben und bequem, aber möglichst mit durchgestrecktem Rücken sitzen können.

- Schließen Sie die Augen und atmen sie tief und fest durch die Nase ein und aus, ohne zwischen Ein- und Ausatmen eine Pause zu machen.

- Fühlen Sie, wie sich Ihr ganzer Körper zu entspannen beginnt, und konzentrieren Sie sich ganz auf Ihren Atem. Lassen Sie den Alltag los und freuen Sie sich auf das, was Sie jetzt TUN! Seien Sie offen für das, was geschieht!

- Nach einigen Minuten richten Sie Ihre Aufmerksamkeit auf das Scheitel-Chakra und atmen nun tief und kräftig durch dieses Chakra ein und aus.

- Fühlen Sie, wie bei jedem Einatmen die Energie in diesem Chakra zunimmt.

- Während die Konzentration der Energie in diesem Chakra immer stärker wird, visualisieren Sie eine Lichtkugel und spüren Sie, wie sie immer heller wird und ganz intensiv zu strahlen anfängt.

- Jetzt verlagern Sie Ihr Bewusstsein in diese Lichtkugel, werden selbst zu dieser Kugel und spüren, wie die Energie dieses Chakras auf den Körper und die Umgebung ausstrahlt.

- Fühlen Sie, wie Sie mit all Ihren unterschiedlichen Wesenszügen eins werden und ganz dieses Bewusstsein sind.

- Beobachten Sie, wie Sie sich körperlich, geistig und emotional fühlen.

- Wenn Sie schon etwas im Scheitel-Chakra zentriert sind, können Sie mit einiger Ausdauer die Kluft zwischen Ihren Bewusstseinsschichten beseitigen. In diesem Zustand können auch Bilder aus der Kausalebene emporsteigen. Wenn diese Bilder aus der Kausalebene stammen, deuten sie oft Chancen für Ihre persönliche geistige Entwicklung an. Lassen Sie diese Bilder ruhig an Ihrem geistigen Auge vorbeiziehen. Analysieren Sie sie nicht während der Meditation, sondern seien Sie dankbar dafür, dass Sie diese Bilder erhalten durften.

- Nehmen Sie sich mindestens zehn bis fünfzehn Minuten Zeit für diesen Teil, insbesondere, wenn Sie diese Meditation noch nicht lange praktizieren.

- Bevor Sie die Meditation beenden, stellen Sie sich mental vor: »Jedes Mal, wenn ich diese Bewusstseinsschwingung erreiche, kann ich mich besser auf sie einstellen.«

- Lösen Sie nun Ihren Energieball auf, indem Sie die Energie durch das siebte Chakra freisetzen.

- Gehen Sie nun wieder zu Ihrer normalen Atmung über, zählen Sie bis fünf und öffnen Sie dann die Augen. Sie fühlen sich nun wieder ganz frisch und munter und entspannt.

II. DIE SPIRITUELLE HEILUNG

»Höchstes Gebot«
Hab' Achtung vor dem Menschenbild
und denke, dass, wie auch verborgen,
darin für irgendeinen Morgen
der Keim zu allem Höchsten schwillt!

Hab' Achtung vor dem Menschenbild
und denke, dass, wie tief er stecke,
ein Hauch des Lebens, der ihn wecke,
vielleicht aus deiner Seele quillt!

Hab' Achtung vor dem Menschenbild!
Die Ewigkeit hat eine Stunde,
wo jegliches dir eine Wunde,
und, wenn nicht die, ein Sehnen stillt!
Friedrich Hebbel

Bei der spirituellen Heilung ist es ganz wichtig zu wissen, dass sie besonders dann gut funktioniert, wenn das Gehirn eine bestimmte Schwingungsfrequenz aufweist. Die Aufzeichnung und Messung der Gehirnströme sowie die entsprechenden Auswirkungen auf das Energiefeld des menschlichen Körpers zeigen deutlich, dass spirituelle Heilungsenergie dann besonders stark zu fließen beginnt, wenn sich der Geist im Alpha-Theta-Zustand befindet. Anders ausgedrückt: Eine bestimmte Geisteshaltung wirkt sich beruhigend auf die Gehirntätigkeit aus und dies äußert sich in einer bestimmten Gehirntätigkeitsfrequenz, der Alpha-Theta-Schwingung, die bei 6 bis 10 Hertz liegt. Wissenschaftliche Untersuchungen bei spirituellen Heilern während ihrer Tätigkeit haben diesen Zusammenhang eindrucksvoll belegt.

Die spirituelle Ursache dafür liegt darin, dass der Beta-Zustand, in dem sich das Gehirn »normalerweise« befindet, durch das Wirksamsein von Blockaden im menschlichen Energiesystem gekennzeichnet ist. Die Blockaden verschwinden bei zunehmender Verlagerung des Bewusstseins in den Alpha-Theta-Bereich, einen Zustand der Entspannung, in dem Ängste und sonstige Energieblockaden, die ihren Sitz in der rechten Gehirnhälfte haben, nicht auftreten.

Energieblockaden sind aber auch stets ein Hinweis dafür, dass der Chakrenfluss nicht so funktioniert, wie er optimal funktionieren könnte. Der Mensch, der seine Blockaden nicht beseitigt, ist mit einem Motor von 160 PS vergleichbar, von denen aber nur rund die Hälfte wirksam wird, da die Hälfte der Zündkerzen nicht funktioniert. Niemand würde mit so einem Auto weiter als bis zur nächsten Werkstatt fahren. Wenn es jedoch um den eigenen Körper, um das eigene Energiesystem geht, sind die Menschen wesentlich weniger dazu bereit, den aufgetretenen Schaden, die Energieblockade, sofort zu beseitigen.

Wer sich im Alpha-Theta-Zustand befindet, ist empfänglicher für Affirmationen, ist aufnahmefähiger für Gedanken und Energien anderer Menschen in seiner Umgebung. Da die innere Einstellung ein ganz wichtiger Faktor bei der Beschleunigung von Heilungsprozessen ist, kommt es sehr oft vor, dass der Arzt ein Medikament verschreibt, an dessen Wirkung der Patient sehr stark glaubt, und dass er sich innerlich entsprechend ausrichtet, wodurch eine Heilung eintritt. Diese positive Wendung wird natürlich fast immer dem eingenommenen Medikament zugeschrieben.

Viele Untersuchungen deuten darauf hin, dass der Mensch über Selbstheilungsfähigkeiten verfügt, die das bisher allgemein akzeptierte Ausmaß deutlich übersteigen. Von dieser Tatsache ausgehend, liegt es nahe, dass man versucht, einen Bewusstseinszustand herbeizuführen, in dem diese Fähigkeiten ganz besonders gefördert werden. Der Bewusstseinszustand, in dem die Selbstheilungskräfte besonders aktiviert werden, ist mit dem spiritueller Heilungen identisch; immer haben die Messungen Gehirnfrequenzen von rund 10 Hertz ergeben.

Menschen, die sich häufiger im Alpha-Theta-Zustand befinden, verfügen – wie Untersuchungen gezeigt haben – über ein viel besser funktionierendes Immunsystem als Menschen, bei denen diese Bewusstseinsebene seltener erreicht wird. Ihre Wunden heilen viel schneller, sie sind auch weniger schmerzempfindlich und haben seltener einen überhöhten Blutdruck als Menschen, bei denen Betawellen, also Gehirnfrequenzen von über 13 Hertz, wesentlich häufiger auftreten.

Tests haben außerdem eindeutig gezeigt, dass jeder Mensch sehr schnell lernt, Bewusstseinszustände zu erreichen, die für ihn ganz besonders positiv sind. Bei diesen Untersuchungen wurden die Gehirnwellenfrequenzen der Testpersonen gemessen und auf einem Bildschirm aufgezeichnet. Die Testpersonen konnten somit jede Bewusstseinsveränderung, die sie selbst herbeigeführt hatten, sofort als Ergebnis am Bildschirm ablesen. Nach einiger Zeit intensiven Übens wurde der gewünschte Bewusstseinszustand in immer kürzeren Abständen erreicht.

Darüber hinaus ist der Alpha-Theta-Zustand besonders günstig für Visualisierung sowie das Aussenden von heilenden Gedanken. Dies gilt vor allem für die mentale Projektion, die bei der spirituellen Heilung sehr oft angewandt wird. Das Visualisieren im Zusammenhang mit der Mentalprojektion ist eine spirituelle Heiltechnik, die in Kombination mit dem visuellen Bildschirm eingesetzt wird.

Die Mentalprojektion

Die Mentalprojektion setzt sich aus mehreren spirituellen Techniken zusammen:

1. Der Bewusstseinstransformation auf die Alpha-Theta-Ebene.

2. Der Visualisierung auf der Alpha-Theta-Ebene und dem Richten der Aufmerksamkeit auf das dritte Auge.

3. Dem Einsatz der Intuition, um mittels Empathie, d.h. Einfühlung in das Energiesystem, die Krankheitsursache zu erkennen. Das empathische Einfühlen ist bei der spirituellen Krankheitsdiagnose von außerordentlicher Wichtigkeit.

Die Chakren sind die Nahrungsaufnahmeorgane der feinstofflichen Körper. So wie es in der Natur für jede Krankheit entsprechende Heilkräuter und Pflanzen gibt, so gibt es auf der spirituellen Ebene gleichfalls für jede Krankheit entsprechende Energieschwingungen und ein wesentlicher Bestandteil der spirituellen Heilung besteht darin, diese Heilenergien aus dem Kosmos in unser Energiesystem aufzunehmen.

Präventivbehandlung der Chakren

Die Chakren sind unsere Lebensräder,
wenn sie ausbalanciert sind,
sind wir glücklich, zufrieden, ewig,
im göttlichen Bewusstsein!
Wenn sie jedoch Unordnung zeigen,
dann spüren wir negative Energien:
Schmerz, Wut, Aggression, Neid und
Traurigkeit können nicht mehr beherrscht werden.
Öffne dich dem Guten, dem Edlen,
dann wirst du glücklich sein.
Robert B. Star

Die Chakren sind die Öffnungen für die feinstoffliche »Nahrungsaufnahme«. Jedes dieser Chakren ist darauf spezialisiert, bestimmte Energiefrequenzen aus dem feinstofflichen Bereich aufzunehmen und an den physischen Körper weiterzuleiten. Wann immer störende Schwingungsfelder diese energetische »Nahrungsaufnahme« beeinflussen, kommt es zu Störungen im menschlichen Energiesystem. Aus solchen energetischen Störungen entstehen in der Folge körperliche Erkrankungen.

Um solchen Beeinträchtigungen unseres energetischen Systems vorzubeugen, ist es wichtig, den Energiefluss zu aktivieren und zu beleben. Dafür bietet sich eine Übung an, die, bildlich gesprochen, eine Form des feinstofflichen »Bodybuildings« darstellt, wenn sie regelmäßig praktiziert wird. Der Zeitaufwand ist wesentlich geringer als beim Jogging, einem Waldlauf, einer Radtour oder Bergwanderung und der gesundheitliche Nutzen ist sogar höher. Die Erfolge sind:

- Ängste werden bereits beim Entstehen behindert und aufgelöst.
- Der Geist wird belebt und störende Gedanken aus dem Unterbewusstsein werden unterbunden.
- Lebensprobleme werden schon in der Entstehungsphase beseitigt.
- Die Energieversorgung mit Prana (Lebensenergie) wird deutlich verbessert. Daraus ergibt sich auch eine bessere Versorgung mit Lebensenergie im physischen Körper.
- Das Wohlbefinden und die Entspannungsfähigkeit erhöhen sich.

Ein neues Lebensgefühl entwickelt sich und dies bewirkt eine konstruktive Bewusstseinsentfaltung.

Die folgende Übung zum Ausbalancieren der Chakren stellt eine gute Vorbereitung für den gezielten Einsatz von Heilenergien dar. Sie sollte jedoch nicht direkt vor dem Einschlafen praktiziert werden, da dadurch das Zentralnervensystem zu stark aktiviert und belebt wird, was ein rasches Einschlafen möglicherweise behindert.

Öffnen und Ausbalancieren der Chakren

Lass Freude hinein,
dann lösen sich Leid und Schmerz!
Masaharu Taniguchi

Das Ausbalancieren der Chakren erfolgt auf sehr ähnliche Weise wie die verschiedenen Chakra-Meditationen:

- Sie entspannen sich und beginnen, ruhig und gleichmäßig tief durchzuatmen, ohne zwischen dem Ein- und Ausatmen eine Pause zu machen.

- Sie richten Ihre Aufmerksamkeit auf das erste Chakra, das Wurzel-Chakra, und beginnen durch dieses Chakra ein- und auszuatmen, bis Sie spüren, wie dieses Chakra zu vibrieren anfängt. Dann atmen sie drei bis sieben Mal durch dieses Chakra ein und aus.

- Anschließend gehen Sie zum zweiten Chakra über und machen diese Übung bei allen Chakren, bis Sie beim Scheitel-Chakra angekommen sind.

Diese Übung sollten Sie mindestens zweimal täglich durchführen. Sie erreichen damit in sehr kurzer Zeit eine gleichmäßige und harmonische Aktivierung und Ausbalancierung Ihrer Chakren. Nach einiger Übung werden Sie dafür nur rund drei bis fünf Minuten benötigen. Sie werden schon nach wenigen Wochen regelmäßiger Durchführung eine deutliche Verbesserung Ihres Zustandes spüren. Etwaige vorhandene Ängste werden sehr rasch zurückgehen, Sie werden sich viel besser und erholsamer entspannen können und auch sonst wird die Harmonisierung Ihres Wesens Fortschritte machen. Vergessen Sie dabei nie, Sie trainieren damit gleichzeitig das Fließenlassen von Heilenergien.

Chakren-Reinigung

Die geistige Reinigung
durch Meditation, Yoga
und Gedankenkontrolle
ist mindestens so wichtig
wie ein körperliches Bad.
Swami Vishnu

Eine weitere Form der Chakren-Ausbalancierung und ihrer gleichzeitigen Reinigung erfolgt durch eine Art Chakren-Direktheilung. Diese Art der Präventivheilung ist gleichfalls eine gute Vorbereitung auf das spirituelle Heilen selbst. Diese Chakren-Reinigung können Sie bei einem anderen, aber auch bei sich selbst – allerdings mit geringfügigen Einschränkungen – durchführen.

- Sie atmen tief und gleichmäßig im Rhythmus ein und aus.

- Lenken Sie nun Ihre Aufmerksamkeit in das Herz-Chakra und atmen Sie durch dieses Chakra ein und aus, bis Sie ein Vibrieren in diesem Chakra verspüren.

- Nun beginnen Sie mit dem Scheitel-Chakra. Sie öffnen Ihre rechte Hand und machen zehn bis fünfzehn Zentimeter vom Körper entfernt, genau über dem Chakra, kreisende Bewegungen im Uhrzeigersinn.

- Führen Sie diese kreisenden Bewegungen drei bis sieben Mal durch und gehen Sie dann zum nächsten Chakra weiter, bis Sie beim Wurzel-Chakra angekommen sind.

- Wenn Sie diese Chakren-Reinigung bei einem anderen durchführen, können Sie jetzt zum Abschluss noch sieben Mal vom Scheitel-Chakra abwärts über den Körper streichende Bewegungen bis hinunter zu den Füßen durchführen. Dieses Abwärtsstreichen führen Sie am besten mit beiden Händen durch. Wenn Sie die Chakren-Reinigung bei sich selbst vornehmen, können Sie diesen Teil der Übung weglassen.

1. Die Diagnose

Um eine gute Diagnose stellen zu können, müssen Sie auf jeden Fall versuchen, sich ein Bild vom Gesamt-Bewusstseinszustand des Patienten zu machen. Aus der Unfallchirurgie wissen wir beispielsweise, dass es so genannte »Unfall-Persönlichkeiten« gibt. Die Ärzte registrieren zwar, dass bestimmte Personen sehr häufig einen Skiunfall, Autounfall oder auch kleinere Verletzungen haben, schenken dieser Beobachtung jedoch keine weitere Aufmerksamkeit.

Rein äußerlich, wenn man sich nur auf den Krankheitsherd konzentriert, ist jeder Fall für sich einzigartig. In Wirklichkeit gibt es jedoch Zusammenhänge zwischen den verschiedenen feinstofflichen Schichten des menschlichen Energiesystems.

Jeder Mensch verfügt über eine dreifache Aura: die spirituelle, die mentale und die ätherische Aura. Die spirituelle Aura verzeichnet die größte Ausdehnung, die in der Regel etwa sieben Meter beträgt. Innerhalb dieses Bereiches liegt der Ausdehnungsbereich für die mentale Aura. Bei der Heilung spielt der mentale Körper eine wichtige Rolle, denn viele Probleme und Erkrankungen haben dort ihren Sitz. Negative Stimmungen, mangelnde Vitalität, heftige Begierden und Unmäßigkeit können sehr rasch vom Bewusstsein anderer Menschen übernommen werden, wenn die mentale Aura und der Mentalkörper geschwächt oder zu wenig entwickelt sind. Die beste Stärkung des Mentalkörpers ergibt sich durch die regelmäßige Reinigung von negativen Gedanken sowie durch bewusste Gedankenkontrolle.

Wenn man beispielsweise schon in seiner Kindheit in einer Umgebung aufgewachsen ist, in der viele Menschen sehr negativ gedacht haben, so bedarf es meist für eine längere Zeit mentaler Kontrollübungen, die darin bestehen, negative Gedanken ganz bewusst zu vermeiden. Eine ausgezeichnete Therapie gegen negative Gedanken stellt die so genannte »Aufmerksamkeits-Meditation« dar.

Die Aufmerksamkeits-Meditation

Ziel der Aufmerksamkeits-Meditation ist es, über einen Zeitraum von ca. 20 bis 30 Minuten das Denken völlig abzustellen. Da unsere Handlungen nicht unserem Willen, sondern in weitaus höherem Maße unserer Einbildungskraft entspringen und negative Gedanken in Form von inneren Worten oder inneren Bildern übertragen werden, hat diese Übung auf unsere Gedankenwelt einen reinigenden Effekt.

Problematisch ist der Umgang mit Menschen, die eine negative Erwartungshaltung haben, denn durch diese »zwingen« sie ihre Mitmenschen auf geistiger Ebene, sich ihnen gegenüber negativ zu verhalten. Dies wird noch verstärkt durch das spirituelle Gesetz der geistigen Resonanz, das besagt, dass jeder auf der Ebene reagiert, auf der er von einem anderen angesprochen wird. Auch in solchen Fällen ist die Aufmerksamkeits-Meditation sehr hilfreich.

Wie funktioniert nun diese Aufmerksamkeits-Meditation? Sie können diese Meditation an beliebigen Orten durchführen. Sie müssen sich nur entspannen, indem Sie von zehn bis null zählen und sich dabei vorstellen, wie Sie sich immer mehr und mehr entspannen und ruhig und gelassen werden. Dann atmen Sie ohne Unterbrechung ganz ruhig ein und aus. Jetzt richten Sie Ihre Aufmerksamkeit auf das Herz-Chakra und beobachten Ihren Gedankenfluss. Bei jedem störenden negativen Gedanken suggerieren Sie dann Ihrem Unterbewusstsein, ihn zu löschen. Wenn Sie diese Übung einige Wochen regelmäßig durchführen, werden Sie merken, wie rasch sich der Zeitraum verlängert, in dem Sie keinen negativen Gedanken verspüren. Diese Übung ist gleichzeitig auch eine Stärkung Ihres Mental-Körpers, der ja schließlich Ihr Bewusstsein vor Einflüssen von anderen Menschen aus Ihrer Umgebung schützt.

Diagnose bei der Direktheilung

Der weiche Halm
durchbricht die harte Erde.
Lao-tse

Für die Diagnose bei der Direktheilung ist das Fühlen der Aura eine ganz wichtige und zentrale Übung. Jeder von uns besitzt die Fähigkeit, die ätherische Aura zu sehen und zu fühlen. Je nach Typ und Veranlagung ist das Fühlen oder das Sehen ausgeprägter oder leichter zu erlernen. Versuchen Sie selbst herauszufinden, zu welchem Typ Sie gehören. Das Abtasten der Aura ist die gebräuchlichste Methode bei der spirituellen Diagnose. Die Form der Aura, ihre Oberfläche, die Struktur und Dichte sind bei dieser Art der Diagnostik die wichtigsten Elemente, da sie bereits viele grundlegende Zusammenhänge erkennen lassen. Beim Abtasten der Aura sollten Sie immer im Alpha-Zustand sein und Ihre Aufmerksamkeit im Herz-Chakra zentriert haben. In diesem Zustand sind Sie nämlich für die Schwingungen des Patienten besonders sensibilisiert und sie können seine psychischen und physischen Probleme intuitiv erkennen. Das empathische Einfühlungsvermögen ist bei dieser Methode von ganz entscheidender Bedeutung.

Diagnose bei der Fernheilung

Der wahre Arzt beugt sich
ehrfurchtsvoll vor der Gottheit.
Hippokrates (460–377 v.Chr.)

Bei der Fernheilung müssen Sie

1. sich in den Alpha-Theta-Zustand versetzen,
2. Ihren Körper vollkommen entspannen,
3. sich auf den Punkt vollkommener Entspannung und Ruhe auf der Mentalebene konzentrieren,
4. den visuellen Bildschirm benützen,
5. die spirituelle Diagnose stellen.

Die spirituelle Diagnose

Wenn Sie den Patienten mit der Technik der Bildschirm-Visualisierung vor Ihrem geistigen Auge untersuchen, lassen Sie sich von Ihrer Intuition leiten und achten Sie genau darauf, wohin sie Sie lenken möchte. Nach einiger Übung werden Sie ganz von selbst und mit erstaunlicher Schnelligkeit und Treffsicherheit zu den Problembereichen geführt, wenn Sie sich entsprechend für Ihre intuitive Wahrnehmung öffnen. Bei der spirituellen Diagnose bleibt Ihr Verstandesdenken ganz im Hintergrund und sollte auf keinen Fall störenden Einfluss ausüben.

Heilende Visualisierung

Alles ist möglich dem, der glaubt.
Markus 9,21

Visualisierung, die Vorstellung von positiven Bildern, hilft, das Unterbewusstsein anzuregen und diese Bilder in die Wirklichkeit umzusetzen. Visualisierung geht von dem Grundsatz aus, dass unser Unterbewusstsein die Sprache der Bilder wahrnehmen kann und sich danach ausrichtet. Wenn Sie zum Beispiel denken, heute geht es mir gut, so wird es Ihnen auch gut gehen. Denken Sie jedoch, heute geht es mir schlecht, so wird es Ihnen schwer fallen, angenehme Gefühle zu entwickeln. Wie man denkt, so ist man, hat einmal ein bekannter Philosoph gesagt, daher sollte man sich konstruktiv oder bejahend ausrichten, damit man Positivität, Glück, Zufriedenheit und auch Gesundheit erleben kann. Untersuchungen gesunder Menschen haben ergeben, dass diese viel positiver ausgerichtet sind. Auch wenn es ihnen einmal nicht so gut geht, sagen sie dies niemandem, sondern betonen ihre Gesundheit und Lebensfreude. Das hilft ihnen, wirklich gesund zu sein. Und dieses Geheimnis der gesunden Menschen machen sich heute die kontemplative Psychiatrie, bei der die kreative Visualisierung starke Anwendung findet, sowie die allgemeine Medizin zunutze.

Der Patient lernt, heilsame Gedanken zu entwickeln, die ihm helfen, gesund zu werden. Besonders in den USA wird die Methode der Visualisierung in der Medizin heute verstärkt angewendet. Für verschiedene Krankheiten wurden mentale Übungen entwickelt, die hypnotisch auf das Unterbewusstsein wirken und den Körper von der Krankheit befreien.

Übungsbeispiel:

Versetzen Sie sich in einen entspannten Zustand. Den Raum, in dem Sie sich aufhalten, sollten Sie verdunkeln. Sie können Meditationsmusik hören, wenn Sie wollen. Schließen Sie die Augen und lenken Sie Ihr Bewusstsein auf den Punkt zwischen Ihren Augenbrauen. Dadurch erreichen Sie einen hohen Grad der Beeinflussbarkeit und der heilende Gedanke kann nach innen fließen. Empfinden Sie nun im entspannten Zustand das Gefühl der Schwere in den Armen und Beinen, ein angenehmes, wohliges Gefühl. Versuchen Sie in Gedanken, ruhig zu werden und Harmonie einfließen zu lassen. Sie haben das Gefühl, in einem Fahrstuhl immer tiefer und tiefer hinabzusinken. Sie fühlen, wie alle Verspannungen sich lösen. Denken Sie nun Folgendes:

»Gute Gedankenenergien lösen Krankheiten auf und heilende Kraft fließt durch meinen Körper.

Ich fühle mich wohl und geborgen. Ich spüre heilende Kräfte in meinen Körper fließen.

Ich lasse alles los, was nicht zu mir gehört. In Liebe und Frieden. Ich weiß, dass die heilende Kraft mir eine starke Gesundheit schenkt. Ich spüre und fühle, wie mein ganzer Körper von einer wohltuenden und heilsamen Energie erfüllt ist.«

Nun fügen Sie noch einige Sätze hinzu, je nach den Problemen, die Sie haben, z.B. Magen: »Mein Körper wird jetzt gesund und stark, der Druck im Magen lässt nach, der Schmerz löst sich auf.«

Bluthochdruck: »Ich fühle mich immer freier und freier, ich bin ganz ruhig und entspannt; ich lasse alles so geschehen, wie es geschieht.«

Bei Infektionskrankheiten können Sie sich zum Beispiel vorstellen, wie die Bakterien aufgelöst werden. Wenn Sie große gedankliche Kraft aufbringen, wird es Ihnen tatsächlich gelingen, von all Ihren Krankheiten auf diese Weise loszukommen. Es ist bekannt, dass zum Beispiel indische Gurus mit Gedankenkraft sogar Krebsgeschwüre am eigenen Körper zusammengedrückt haben, sodass diese sich lösten und nur kleine Narben zurückblieben. Solche Gurus haben manchmal noch 20 Jahre nach der Abdrückung eines Krebsgeschwürs gelebt.

Aber alle spirituellen Heiltechniken können nicht die Seele und das Erkennen Ihrer Absichten und Ziele ersetzen. Die Seele ist das spirituelle Engramm, in dem Ziel, Sinn und Zweck Ihres Lebens eingraviert sind.

Die Absicht der Seele erkennen

Lassen wir Gott in unser Leben ein,
lassen wir Ihn zu,
vermehren wir Seine Kraft,
und wir werden Glück
und Zufriedenheit ernten.
Doris Aeschbacher

Ganz wichtig für die dauerhafte Vermeidung von Krankheit ist es, die Absicht der Seele zu erkennen. Denn nur die Seele kennt den Fahrplan und alle Stationen, die sie zu durchlaufen hat. Der Verstand weiß demgegenüber das, was Allgemeingültigkeit besitzt, was – wie die Wissenschaftstheoretiker so schön zu sagen pflegen – objektiv überprüfbar ist. Nur wenn der Verstand in der Lage ist, die Absicht der Seele zu verstehen, gibt es den intrapersonalen

Konflikt zwischen Verstand und Seele nicht. Dieser Fähigkeit, die Seele zu verstehen, steht meistens die Arroganz des Verstandes im Weg, der glaubt, alles, was wirklich, was real ist, zu kennen. Erst wenn der Verstand akzeptiert, dass seine Realitätserfassung sich nur auf einen Bruchteil der Gesamtrealität bezieht, ist zumindest ein Hauptkonflikt beseitigt.

2. Die Fernheilung

Die Fernheilung ist im Wesentlichen eine Kombination unterschiedlicher spiritueller Techniken. Als einziges neues Element spiritueller Fähigkeiten wird noch die Technik des visuellen Bildschirmes eingesetzt.

Der visuelle Bildschirm

Die Technik des visuellen Bildschirmes besteht darin, dass Sie sich zuerst in den Alpha-Theta-Zustand begeben und von dort aus mittels mentaler Projektion in einer Entfernung von ungefähr zwei Metern einen geistigen Bildschirm aufbauen, der so weit über dem Boden schweben sollte, dass Sie gezwungen sind, Ihre Iris in den oberen Teil des Augapfels zu verlagern. Der Vorteil dieser Augenstellung, die man auch auf vielen mystischen Bildern erkennen kann – Heilige auf Bildern sehen oft nach »oben« –, liegt darin, dass sie den spirituellen Energiefluss positiv beeinflusst. Folgende Übung hilft Ihnen dabei: Setzen Sie sich quer auf einen Stuhl und beugen Sie sich ganz langsam – beinahe im Zeitlupentempo – nach vorne bis zu den Knien und dann ganz zurück. Mit einer Hand können Sie die Lehne halten. Bei dieser Übung ist es wichtig, dass

Sie sich bemühen, mit den geöffneten Augen nach oben zu schauen und dabei an gar nichts zu denken. Die Augen bleiben nach einiger Übung – zirka drei Wochen täglich eine halbe Stunde – in dieser Position und ein angenehm reines Gefühl stellt sich ein. Wir betreten innerlich den lichten »Körper« (d.h. eine Energieform, die uns in den Alpha-Bereich zieht). Daher hilft uns diese Übung nicht nur, neue Fähigkeiten zu erreichen, sondern sie macht uns auch glücklich!

Dies muss man einige Zeit üben, eine innere Sehnsucht zu lieben und zu helfen ist notwendig, damit man diesen Schwingungszustand erreichen kann. Wenn Sie Ihren geistigen Bildschirm in der oben erwähnten Position erfolgreich »aufgebaut« haben (das heißt: Ihr drittes Auge muss nun geöffnet sein), können Sie auf diesem Bildschirm gleich Ihren ersten Patienten erscheinen lassen, am besten sich selbst oder jemanden, der schon in der Anfangsphase Ihres schöpferischen Heilungsweges so grenzenloses Vertrauen in Sie setzen kann, dass er sich als erstes »Opfer« zur Verfügung stellt. Am Anfang sollten Sie jedoch keinen wirklich sehr kranken Menschen behandeln, bis Sie diese Übung ganz einwandfrei beherrschen. Sie sollten sie so lange an sich oder anderen Gesunden, die sich damit einverstanden erklären, durchführen, bis Sie die Visualisierung auf dem Bildschirm mindestens zehn bis fünfzehn Minuten ohne störende oder gar negative Gedanken aufrechterhalten können.

Wenn Sie bei dieser Übung so weit fortgeschritten sind, dass Sie »Ihren« Patienten mit vor Liebe überschäumendem Herzen, mit echtem und tiefem Einfühlungsvermögen erfassen und sein Bild auf Ihrem Bildschirm aufrechterhalten können, wird Sie Ihre Intuition in allen Tiefen und Höhen Ihres Lebens begleiten und bei Ihren Heilungen stets Ihr bester und treuester Freund und Weggefährte sein.

Nachwort

Lange habe ich mich gesträubt –
Endlich gab ich nach!
Wenn das Alte ich zerstäubt,
wird das Neue wach.
(Quelle unbekannt)

Geistheilung stellt mehr als nur eine Methode des Heilens dar. Spirituelle Heilung ist ein neuer Weg, der den Heilenden nicht nur heiler werden lässt, sondern auch zu seiner weiterführenden spirituellen Transformation beiträgt. Wer einmal erkannt hat, dass seine neuen Gedanken und neuen Ideen Wegweiser für ein neues Leben mit Sonne und Liebe im Herzen, Erfolg und Gesundheit sind, wird ihn konsequent und mit viel Elan und Enthusiasmus beschreiten. Nichts wird ihn von diesem neuen Weg abhalten können. Wer bereit ist, aus diesen Erkenntnissen Konsequenzen zu ziehen, dem werden sich ständig neue Türen und Tore öffnen. Natürlich passieren diese grundlegenden und weit reichenden Veränderungen nicht ohne eigenes Zutun und schon gar nicht gegen die eigene Überzeugung. Wenn Sie nun beschließen, den Weg zu neuen Zielen konsequent zu gehen, so kommt es nicht darauf an, an einem Tag, in einer Woche oder in einem Jahr das Ziel zu erreichen, sondern bereits den Weg als Teil des Ziels zu erkennen.

Es ist auch nicht entscheidend, ob sich rasche Erfolge einstellen oder nicht, wichtig ist vor allem, jeden Tag die neuen Möglichkeiten und Chancen zu erkennen, die sich bieten. Jede Überwindung, jedes Ersteigen eines neuen Gipfels, jedes Erklimmen einer neuen Hürde wird von Tag zu Tag leichter, wenn man erkennt, wie man die inneren Kräfte im Leben einsetzen kann.

Am Anfang dieses Weges kommt es darauf an, Ihre inneren Gedanken und inneren Bilder vom Negativen zum Positiven zu lenken, Zweifel und Ängste aus Ihrem Leben zu verbannen und gegen Zuversicht und Lebensfreude einzutauschen.

Jeder positive Gedanke ist wie ein lieber Freund, der in Ihr Haus eintritt. Sie sollten ihn gut bewirten und zum Bleiben überreden. Wenn Zweifel die Tatkraft, den Fortschritt und das Selbstvertrauen schwächen, wenn nicht gar lähmen will, dann verwehren Sie ihm am besten gleich den Eintritt in Ihr neues Gedankengebäude. Seien Sie anspruchsvoll, wenn Sie es einrichten. Achten Sie darauf, dass die Einrichtung stilvoll ist und zu Ihnen passt. Seien Sie wählerisch, wenn neue Ideen sich in Ihnen breit machen wollen. Seien Sie nur mit den besten einverstanden. Halten Sie an Ihren guten Ideen fest, machen Sie täglich Ihre spirituellen Fitnessübungen und trainieren Sie fleißig und mit Ausdauer. Bedenken Sie immer, der spirituelle Gewinn, den Sie erwirtschaften, kann durch keine Inflation entwertet und durch keinen Krieg zerstört werden. Niemand kann ihn wegnehmen, kein Dieb kann bei Ihnen eindringen und ihn an sich reißen. Den spirituellen Gewinn können nur Sie selbst vernichten oder täglich mehren und mehren, auf dass er die schönsten Früchte hervorbringt und Licht, Liebe und Zufriedenheit Ihre dauerhaften Weggefährten werden. Tragen Sie die wichtigste, beste und bekömmlichste Arznei stets in Ihrem Herzen, die Liebe.

Auf diesem Weg der spirituellen Liebe, der Dankbarkeit gegenüber unserem Schöpfer und der Heilung durch die Kraft des Geistes wünschen wir Ihnen alles Gute.

Ihr

Kurt Tepperwein
und Felix Aeschbacher

Literaturempfehlung

Charles W. Leadbeater: »Das Leben in der Geistigen Welt«, Aquamarin 2000

Dieses Buch gehört zu den wenigen großen Klassikern der Jenseits-Forschung. C.W. Leadbeater, einer der großen Eingeweihten unseres Jahrhunderts, folgt der Geistseele mit schauendem Blick auf ihrem Weg durch die jenseitigen Welten, nachdem sie ihr körperliches Gewand abgestreift hat.

In allen Einzelheiten beschreibt der Seher den Übergang in die Geistwelt im Augenblick des »Todes«, den Weg durch die Läuterungssphären und den Aufstieg in die Himmelswelten. Besonders beglückend und Trost spendend sind die Ausführungen über die Wiederbegegnung mit geliebten Menschen in den Jenseitswelten. Was in Liebe auf Erden verbunden war, wird sich auch in den inneren Welten zueinander hingezogen fühlen.

Die Aufgaben und das hilfreiche Wirken der Schutzengel finden ebenso Beachtung wie das Wirken der Verstorbenen in höheren Daseinssphären. Herausragend ist Leadbeaters Schilderung der Verbindung von auf Erden und in den Jenseitswelten Lebenden, die besonders die Verhaltensweisen der Hinterbliebenen zu den ins Licht heimgekehrten Wesen zum Inhalt haben.

Ein zeitloses Weisheitsbuch, das wundervollen Trost schenkt und tiefe Belehrung vermittelt.

Empfehlenswert ist auch das Buch »Gedankenformen« von C.W. Leadbeater, Aquamarin 2004

Gedanken sind Kräfte, deren Schwingungen in die Ferne wirken. Doch darüber hinaus wissen nur wenige Menschen, dass jedes

Wort und jeder Gedanke seine Wirkung auch in der unsichtbaren Welt hinterlässt und dass diese unsichtbaren Wirkungen unendlich wichtiger sind als die, die in der realen Welt von jedermann wahrgenommen werden können. Der einsichtsvolle Mensch, der das erkannt hat, richtet seine Aufmerksamkeit ganz besonders auf seine Gedankenwelt. Auf diese Weise verstopft er eine Quelle fortwährender Beunruhigung und macht sein Leben glücklicher und nutzbringender. »Gedankenformen« vermittelt eine klare Vorstellung über Wesen, Macht und Wirkung der Gedanken, unterstützt durch die in vielen Abbildungen dargestellten Gedankenformen, die nach dem Leben gekennzeichnet sind.

Zu den bedeutendsten und grundlegendsten Werken der gesamten theosophischen Literatur zählt Leadbeaters »Der sichtbare und unsichtbare Mensch«, Aquamarin 2004

Geschultes Denken, beherrschte Phantasie und ein unbefangener Wille sind notwendige Bedingungen zu einem tieferen Verständnis. Wer das Buch als einen Wegweiser höherer Art benutzen will, benötigt bei dessen Studium eine vertiefte Gemütsstimmung und eine andachtsvolle seelische Verfassung. Das Werk kann dem Schüler ein ungeheures Wissen vermitteln und ihm den Schlüssel zu vielen Geheimnissen geben. Doch Wissen verpflichtet. Das Wissen des Kopfes muss mit dem Wissen des Herzens Hand in Hand gehen. Der Schüler lernt, seine wahre vergängliche Natur kennen zu lernen, um auf dem Weg der Selbstbeherrschung allmählich sich und seine Fähigkeiten in Harmonie mit dem Unendlichen zu bringen.

Leserservice:

Prof. Kurt Tepperwein persönlich oder in einem Heimseminar erleben!

Wünschen Sie tiefer in das Thema dieses Buches einzusteigen, dann empfehlen wir Ihnen die folgende Chance zu nutzen:

Seminare/Ausbildung: (Gewünschtes bitte ankreuzen!)

Motivationsseminare mit verschiedenen Themen (Tagesseminare)

☐ Ausbildung zum Dipl. Lebensberater/in

Ausbildungen mit Felix Aeschbacher
(Lehrbeauftragter v. K. Tepperwein)

☐ Dipl. Mental-Trainer
☐ Dipl. Bewusstseins-Trainer/in
☐ Dipl. Intuitions-Trainer/in
☐ Dipl. Seminarleiter/in
☐ Meditations-Trainer/in *(Zertifikat)*

Heimstudienlehrgänge:

☐ Dipl. Lebensberater/in
☐ Dipl. Intuitions-Trainer/in
☐ Dipl. Erfolgs-Coach/in
☐ Dipl. Partnerschafts-Mentor/in
☐ Dipl. Mental-Trainer/in
☐ Dipl. Seminarleiter/in
☐ Dipl. Gesundheits- + Ernährungs-Berater/in
☐ Einführungslehrgang »Die 7 Schritte zur Erfolgspersönlichkeit«

Gesamtprogramme:

- ☐ Gesamtseminar- und Ausbildungsprogramm IAW
- ☐ Neuheiten der Bücher, CD- und DVD-Programme von Kurt Tepperwein
- ☐ Gesundheitsprodukte-Programm

Dazu ein persönliches Geschenk:
Die 20-seitige Broschüre »Praktisches Wissen kurz gefasst« von Kurt Tepperwein

Sie erhalten Ihre gewünschten Informationen selbstverständlich kostenlos und unverbindlich bei:

Internationale Akademie der Wissenschaften (IAW)
St. Markusgasse 11, FL-9490 Vaduz
Tel: 00423/233 12 12 Fax 00423/233 12 14
Internet: www.iadw.com / E-Mail: go@iadw.com

Von Kurt Tepperwein und Felix Aeschbacher bisher im Ennsthaler Verlag erschienen:

Zur Göttlicjkeit erwachen
Eins mit dem Leben – Eins mitt Gott

Solange die Menschheit denken kann, beschäftigt sie die Suche nach Gott.
Für die Autoren heißt zur Göttlichkeit erwachen, erkennen, dass Gott in jedem von uns angesprochen werden kann, auf dass wir uns unserer selbst bewusst werden.
Wie gelangen wir zum »Erwachen«? Es kommt möglicherweise darauf an, mit unserem Ego einen Schritt zur Seite zu treten, damit Gott durch uns wirken kann, vielleicht so, wie die Sonne wirken kann, wenn die Wolken einen Schritt zur Seite treten. Es kann aber auch ein Weg sein, zu versuchen, das Göttliche, das Essentielle, im anderen zu erreichen.
ISBN 3-85068-660-4
Format A5, 120 Seiten, br.

Richtig entscheiden! Entschieden leben!
Schritte zur bewussten Lebensführung

Immer wieder gelangen wir in unserem Leben in Situationen, in denen wir spüren, dass wir nicht weiterkommen, die wir – wie uns scheint – nicht bewältigen können. Probleme stellen sich in unseren Weg, Entscheidungen sind notwendig. Wie wir mit Problemen auf konstruktive Weise umgehen und welche Mittel, Wege und Hilfen uns gegeben sind, sie zu erkennen, zu lösen und somit persönlichen Gewinn zu erzielen, zeigen die Autoren in diesem Buch anhand vieler Beispiele auf.

ISBN 3-85068-659-0
Format A5, 128 Seiten, br.

Ennsthaler **Bücher für ein bewusstes Leben**

Öffne deine Schatzkammer!
Durch Selbsthypnose das Unterbewusstsein neu programmieren

Die Selbsthypnose ist eine wunderbare Möglichkeit, zu seinem tiefen Ich vorzudringen, Antworten auf wichtige Fragen des Seins in sich selbst zu erhalten und in seiner Mitte zu ruhen.
Die Autoren geben ihr theoretisches Wissen über Hypnose und Selbsthypnose – angefangen bei der Geschichte der Hypnose bis hin zu den einzelnen Techniken und Methoden – dem Leser weiter und zeigen anhand von Beispielen aus der Praxis, was man durch die Selbsthypnose alles erreichen kann.
ISBN 3-85068-624-8
Format A5, 136 Seiten, br.

Liebevolles Miteinander
Den Schlüssel zur wahren Liebe und Freude finden

Dieses Buch eröffnet den Lesern neue Wege und zeigt ihnen Möglichkeiten auf, ihr Leben in Liebe zu gestalten. Das bedeutet: Loslassen alter Erfahrungen und Aufbau einer inneren Sicherheit – eines Selbst-Bewusstseins – der Basis für Liebe überhaupt. Schritt für Schritt lernt der Leser sich besser kennen, weiß in der Folge genau, was er will, und kann seine Gefühle zulassen.
Die Autoren zeigen, wie man seine Emotionen kennen lernen kann, und analysieren das Phänomen Liebe im Detail.
ISBN 3-85068-632-9
Format A5, 168 Seiten, br.

Ennsthaler **Bücher für ein bewusstes Leben**